林祖藻 主編

明清科考墨卷集

第七冊

卷十九
卷二十
卷二十一

蘭臺出版社

第七冊　卷十九

王者之民皞皞如也

太平府楊師尊月課本學一名　王之瑩

擬王民之象、如見上治之大焉。夫王者不易民而治、乃觀皞皞之象、何廣大而自得也。不如見王治之大乎。且猶是民也、苟有以適其性

原評：俱肖擬神

情、則意象之昭宣、豈形容所畢肖乎。蓋一人有道、萬姓胥安、郅隆之沐浴、若造物別有一境焉。擬而議之、慕其感如、樂其天焉爾。如霸者之民、既驩虞如矣。夫豈所語於王者之民哉。王者之宰制萬方、非有要結之術、而民之習而安焉者、飲和食德、恬然共遊於浩蕩之天。王者之涵濡四國、具有覆冒之量、而民之樂而忘焉者、出作入息、熙然各得於平康之宇。吾觀民於王者之世、挹其風、擬其象、豈不皞皞

如乎下一令而歡聲洋溢良以蒙休於偶然耳而王者之民無是也沐薰風而遊煦日其徵諸景象者既沖然而泯其迹亦油然而鬯其（文字氣味亦猶然中然）情以恬以熙第覺宇宙徧舒也皞皞焉而已一發一政而痌瘝懷恩良以被恩於困復耳而王者之民無是也沾膏雨而被棠陰其傳諸意境者固雍然而若以生復渾然而安以業優焉游焉第覺心思皆暢（描寫總知函）也皞皞焉而已一智心斂而若安於愚巧心蠲而若甘於拙曠然自足（妙仍不失虛位）之下秀者說禮敦詩樸者含哺鼓腹風俗和平真有形似之莫馨者（刻劃形容）耳一動象消而常保其靜喜情釋而自忘其憂泰然至遠之餘男子耕田而鑿井婦女采苜而求桑井里雍熙誠有擬議之難窮者耳是以

雅宜題筆而上下同流神氣都到

陰陽和也風雨時也景象且聿新於大造而生其時者反若雖琢未

闢而氣象仍安於渾樸麟遊囿也鳳來庭也休徵且遍驗於物類而

能含蓄咲神情

蒙其澤者轉若髙曾被之而子孫世守其箕裘雖史臣珥筆可以揚

聖治之休明而皞皞之形簡册固難於繪寫太師陳詩可以肖民風

善頌真堪清耳

之醇朴而皞皞之象篇什亦莫以言傳民何幸而得爲王者之民也

吾將即皞皞如者而進思之矣

不空衍不蹈寔而於註中廣大自得意煞有體認非苟作者　楊雒

圃先生

極力形容不出者從容道之而有餘神味淵穆可與潛寧居主人

墨瀋堂考卷選 孟子 一編

把背入林矣 黄于厚

王者之民　二句（下孟）　王松直

王者之民　二句

王松直

擬王民之象，有相安於自得之天而已。夫王者之民幾忘乎王者之世也，擬之皞皞，其自得之情不可想見乎？且士君子生三代後，每嘆去古既遠，不獲親盛王之世而沐浴其休風，往往遐想遺徽，竊為彼時之生民幸，謂當其際者不知更何如之欣幸乎。豈知其風彌古，其氣彌淳，而其歡欣鼓舞之情，反不逮伯者之民遠甚。何則？喜順而惡逆者，民之性也，豈至王者之民而獨殊此性乎？乃伯者之民善感，而王者之民何以偏若善忘也？有發號即應者，民之情也，豈至王者之民而獨異此情乎？乃伯者之民甚喜，而王者之

以幾忘二字醒皞皞，恰好。

巧妙

民何以偏共甚淡也田可耕也井可鑿也犂室家婦子之衆而相
安於浩蕩之宇者伊何時之民乎則必曰王者之民誅以霸者之
民處此有不相領而驚訝者乎而王者之民則以為此常然者（傳神）而
已矣天下固未有習於其當然而猶驚為盛事者也哺可含也腹
可鼓也今群生兆庶之倫而共遊於廣大之宇者伊誰氏之民也
則必曰惟王者之民設以霸者之民而遇此有不益畏為罕覯者
乎而王者之民則以為固有而已夫天下又未有安於所固有而
猶異其為難得者也吾擬其民蓋皞皞如也（妙喻）熙和治平之象合宇
內有同風矣從來熙恩慕義之意恒迫於彼此之相形其在彼也

何以危其在此也何以安則以相形而見苦者亦以相形而見樂
乃王者之民日覩夫營生之類咸今之儀其有悲失所而冀濟離
者復有何人也則不見有苦安見有樂矣優游順遂之意計先後
如一轍矣縱來揚休祝頌之文征訟紛初終之異致其在初也何
以悲其在終也何以愉則以五異而生慨者亦以五異而生慶乃
王者之民日追思夫有生之樂與目前之景其有憾物帶而幸安
宅者復有何時也則不思有于戲寄見有可慶矣亦非必其民之
[illegible]
尚朴也夫豈樂違權寧必奉無為天子之業而生致其解一事焉
以為吾君之惠我實然所則御命哉亦非必奉有之喜祿也夫齋

本朝歷科墨卷選

堂稱觥何獨無家人父子之情而舉形一也[illegible][illegible]溯吾之感君奚

事民則何有哉吾甚惜覲者之徒不勸[illegible][illegible][illegible]二[illegible]而徒相與莫

息而稱道之也

洪以廣大自得繹繹[illegible][illegible][illegible][illegible][illegible]若澹若忘是其

景象習其常然[illegible][illegible][illegible][illegible][illegible][illegible][illegible][illegible]覩矣意翻出

廣大自得意矣夫[illegible][illegible][illegible][illegible][illegible][illegible]

○○○王者之民　二句　　王承堯

擬王民之象、可以思盛治矣、夫人亦何幸而爲王者之民乎、而王民不自覺也、擬以皞皞、不可思其盛治乎、從來治道則取乎甚隆而民風則取其甚淡、非謂民情不易得、亦非謂民情之可以不得（濃淡）惟有深洽乎情之先者、而其情反覺其甚淺、則不欲盡得乎民、乃（高○永）眞能大得乎民者也、何者我于王者之民知之也、夫王者與霸者所操既有誠僞之分、所發又有純雜之異、則民之感戴不忘、當不止驩虞已也、即令去王者我何年矣、而追葉鄆治推本從來猶未（情○真○形○容）常不感慕奮興、群然頌德洋于不衰、又況當日親爲之民者哉、而

其餘不然人數不欲于所備以彼之所不得而為此之所獨得則寡出望外矣若王民之所得一國如是天下亦知是也而豈其獨也故化愈溥者風愈醇而生其世者飲食晏樂以享清和之福幾忘其含哺而鼓腹者伊誰之力人又莫不驚于所偶以平日之所未見而為今日之所偶見則驚相告語矣若王民常所見前此如是後此仍如是也而豈其偶也故德彌深者俗彌古而際其時者家人婦子同遊浩蕩之天但以為出作而入息者維民之質鄉民

尊王者亦如尊帝天不知惟有帝天之尊而謳頌乃以俱忘也

以處覆載之中而不覺彼蒼之大日被生成之澤而莫贊於穆

之恩民之于王者亦若是焉已矣雖民之視王者不啻其親父母
不知惟有父母之親而耳目乃以俱靜也赤子之瞻依情以不言
如畫月如雲總以撰
業為工
而喻終身之孺慕意以朴而彌真民之于王者亦若是焉已矣至
治本非愚民而感通在法令之先則潛孚默易而莫能明其故歟
民不必盡朴而鼓舞在性天之內遂藏高嚴厚而相與忘其功哉
擬其象殆髴〻如也視彼驩虞何如哉
皞〻在下節本題極難下筆文妙在空際摸意中後四比不着
一毫色相並皞〻如三字已飛舞筆端真能手也　實菴

高文粹　孟子

王者之民　同流　王詒燕

王民自有其天地、而忘乎化神之流焉、蓋皞皞者化神之象也、而
豈知夫地之流之哉、思王民益思王者矣、孟子意謂若令而想
王風不可見而如可見也、絜之意象之渾忘而已矣。蓋天下最難
忘者施受故雖若民之際、猶沾沾乎其有跡焉、自王者遊之廣大
之宇而天下無細民也、乎進離震而言王者之民人各有其性情
而至當景運之升則淩歷千年而較若畫一一之所謂暱懷息欲
不過王民之象也、初不關乎學問而適逢風氣之古似陶其氣
客而宅以寬平世之所謂高人達士不過一王者之〻也蓋皞皞

如也夫所謂皞皞者豈淡焉漠焉而凡刑政教一無[illegible]于其民也
哉又豈其民之一無情欲而懵懵然生于宇宙也哉亦且歡之矣（連用本意）
夫且利之矣夫且遷善而為之矣法制紀綱（尊）無一失乎其馭而但
覺民生之甚適而不怨其殺也而不庸其利也而不知其為于遷
善也喜怒哀樂非不足乎其性而但覺訢穠之胥忘以此漠情欲
（明簡合縱簡卑稜容）
之封雖小人亦無難速化而其時之刑政教非君子廣運之德流
之何以陰驅潛率而無其跡也今夫雷霆之鼓物也雨露之潤物
（妙　甚之至）
也鼓與潤亦過焉已耳而物已無不化若并所過者化其流亦若
是矣覆物者不動而變也載物者不見而章也覆與載亦存焉已

耳而化已極其神君子所存者神其流亦若是矣是其上蟠下際
收束神旺小以謹嚴
與天地同人何間乎天地無心而成化而小渾之境無人不往其
往來君子有為而無為而博大之中無物可生其畛域此其所為
皞皞如也此其為王者之民也小補云乎哉
皞皞就是天地同
流之象中間層遞
相因着意首尾題目雖
多只如一句明白註
心傳在手一塵不驚寫王民意象允為得事外遠致 漢階

王者之民皞皞如也　　仇廷桂

民併相忘於王也。其風為獨隆矣、夫猶是民耳、而王者之民獨異、其廣大自得之風非皞皞不足以擬之。孟子嘗慨慕其盛曰、古今不易民而治也、何自而遂成王伯之分途哉。今、從、霸、政、之、餘、而、遐、想、純、王、之、治。舉後世之亟於干譽而翕然稱功者皆無所用。於其際。一時廣大。之氣象有未易形容。藹者焉吾故進思夫王者之民

正講王者之民二比。先輩樸實

際唐虞之後。而有禹湯之主作于朝。或為祇台之德。先或為聖敬之日躋。黎民之漸摩仁義者已綿歷而為千餘歲。監二代之遺而有文武之君繼于上。一為顯謨之創。垂一為承烈之光大。生民之

沐浴膏澤者久遞衍而為數百年王者之民豈驩虞之足為塊美乎其殆皞皞如也凡人遇望外之恩輒驚喜為踰分既而日習於固有也則反視為淡漠焉吾想王者蒞民非無八政之敷宣非無三物之造就而飲和食德以來皆其意中事耳初不見厥聲之赫赫也厥靈之濯濯也亦祇見斯民之皞皞而已凡人蒙獨沾之惠每竊幸為殊施久而均邀夫徧德也則亦視為尋常焉吾想王者撫民農桑自在郊野禮樂自在宮墻而上安下順之世胥作一體觀耳彼共處王道之蕩蕩也王道之平平也適共成王民之皞皞而已論世運之迭遷夏后為揖讓之終商周為征伐之始主術豈

王者之民皞皞如也　未刻　孔毓璣

聚王民者忘乎王者而已、夫民生王者之世而已忘其為王者矣、擬之以皞皞、此所以為王民也歟、且論世者動謂皇古之時民風渾噩（惜帝世○當然○王氏○）遐哉不可尚矣、及神遊三代而其時之穆然以遠者猶如見含哺之舊焉、則王者之民豈猶夫驩虞者哉、我意中有王者焉、謂其民則必（只○而○連○王○者○之○民○四○字○已○傳○[illegible]○之○神○）有異、而民生其際、何嘗謂彼王者也、而我幸為其民乎、我慕帝國者而及其民焉、謂與霸者則必有異、而民值其時、又何嘗謂我王民也、而今幸遇王者乎、蓋王者之民若一、一載王者之規模焉、其氣舒（○通○幅○形○容○廣○大○自○得○四○字○不○偏○注○中○節○意○）則絕無所鬱、其風靜則絕無所驚、坦然自若于覆載之間而并不覺

覆載之為寬也則惟此淡焉漠焉者洋溢于規模之外而已矣廣何
如矣王者之民又一一肖王者之氣象焉其機息則不紛于拘牽其
神恬則不隣于渦瀦曠然日遊于高厚之內而弗不覺高厚之無際
也則惟此渾焉穆焉者充塞于氣象之表而已矣大何如矣謂近釐
人之先則其民必習似也乃畿甸之民習之要荒之民無不共習之方合同流
則蕃蘇養息又何人不遊于自然之天謂生聚洽之後則其民必安亦不得過化存神意
似也乃守成之世民甚安之開創之初民亦相與安之耳目心思
自無時不具有寬然之象蓋民遇王者日月倍覺其舒長而王者及
民宇宙彌形其浩蕩則見為皞皞如而已而所謂皞皞者可思矣

虛擬如字既涉空疎一作寔筆又易犯下如耕田鑿井帝力何有等語便傻刺之不庸不識知順帝則等語又侵遷蕩不知此題之所以絕步合作也文獨照註摹寫廣大自得四字作寫筆而不歪侵涉一空前後作者

繆覺軒

王者之

王者之民　一句　　田實發

擬王民之自得、盛世之風也、夫猶是民也、而生王者之時、則皞皞如、豈驩虞之所可及乎、今夫聖人在位、景運聿開、其時仁風翔洽、井里恬熙、人生樂育、何其盛也、後之人遐思上理、瞻慕隆徽、真有高出於霸圖萬萬者、蓋王者之世、鳥獸魚鼈亦獲咸若、昆虫草木無不生遂、麟且遊郊、鳳且鳴邑、而況乎其民、王者之世、日月歲時鮮有失序、雨暘寒燠、協乎休徵、河且出圖、洛且出書、而況乎其民、是故王者之民、不見其智若安於愚、不覺其巧若甘於拙、羣遊於化日光天之下、其老者含哺而鼓腹、其少者食德而飲和、其男子

廣大之榮　不借伯者驩虞翻入放筆直書有餘勁　四句已盡出樣三　跌落民字勁甚

田椒　　孟子　　玉禾堂草

耕田而鑿井其婦女采菖而歌樸同此居處而獨得其寬閒曄曄

還、他、虛、位、

乎真有形容之莫罄者也王者之民不見其動常保其静不見其喜自保其憂相安於戴高履厚之中干戈兵革之不覩夭札癘之不聞追呼獄訟之不知冠昏喪祭之不失同此生養而獨得其逸遂嘷嘷乎真有擬議之難窮者也大抵人必有所甚患而一旦

喻○言○所○以○難○處○與○嘷○ミ○之○故○遠○快○無○比○

釋之則大快蓋舉疾痛疴癢之身偶加抑搔而歡欣倍於常日矣若夫王民乃百體從令而身心之常泰者也吾之陶然怡然以至

○極○了○澈○語○

足而無求者皆吾之所固有者也無所患也而何所快也人必有

○妙○狀○形○容○

所甚慕而意外予之則至樂當祁寒暑雨之苦暫假溫和而瀟灑

游於熙常矣若夫王民乃畢世雍熙而舒長之永慶者也吾之儼焉游焉以各適其性情者皆吾之所當然者也無所慕也而何所樂也民亦何幸得此王者也

藻思壯采窮窔而來 方介思

煒之實跡尚在下節此能不犯實卻不蹈虛炳然而出宏詞壯采奔赴筆端而仍不失虛位所謂言語妙天下者也 郭蘭石

王者之

王者之民　李弘祐

尚論王民有遐思矣夫猶是民也而繫以王者則遊于王者之世矣猶歎休哉且失世無王者久矣生其後者抑何其大不幸也君子尚論千古為之緬其時邈其世穆然而長思睪然而遠志竊恨不得與（語有分寸）其時之民並處于其際也吾今因霸者之民而論及之夫上行令民奉令者也耳目志氣唯其所使故生于霸則係以霸生于王則係以王而已抑上主感民主應者也轉移變化唯其所役故民于霸則歸（興會自佳）于霸民于王則歸于王而已而吾因為之近攷叔季遠稽前代城郭依然山川如昨而王者之風何以至今不留也鴻濛未啟之先草衣

木食生息者猶是狉獉爾不識自有覇者而其氣象乃遽然大異也
進而論及王者則超然世代矣首出庶物而制作文明王者必有以
如覽而往
維持乎造化者而當日含生負氣之倫遂羣然托處乎其下也混沌
初闢之後穴居野處徠來者猶是林總爾不識自有覇者而其風俗
乃遽爾頓殊也進而思及王者則儼然古風矣南面垂裳而淵澄靜
默王者必有以潛移乎庶類者而當日懷方比屋之族遂翕然承流
好撥筆
乎其際也祈可興者王者之興應運不偶一時股肱喜起為王佐為
王臣降而及于民則亦微矣不知乾父坤母王者亦宗子耳而斯民
皆其支庶也故猶是民而以王者主之則必有王者之應抑王者之

德光被四方。一時建極會歸。為王道為王路。下而及於民。則亦渙矣。不知作君作師。王者期克配耳。而斯民則皆帝莫也。故猶是民而以王者臨之。則必有王者之休。然則吾不及見王者也。而致王者之民。則知王者之所以及民。亦不及見王者之民也。而致所以為王者。則知民之所以獨盛于王者。蓋故老所傳。史冊所載。耕田鑿井。不識不知。王民之風。邈乎不可及矣。以視區區驩虞之象。其大小得失相去何如也。

高視濶步。而能還本題處縮位。其走馬險道而不失者耶。

王者之　李

王者之民　一句　　李鶴翀

思王民之自得擬之而得其似焉蓋民何幸而生于王者之世也擬之以皞皞其治有未盡者乎今試擬一至治于此而謂受治之人治然有見治之意則猶非治之至也治之至者以治治之又若以不治治之而自相忘乎治之名此意固難以言傳也求之而得其似焉已矣如所謂驩虞者朝堂之舉動里巷驚傳國家之紀綱草野咸誦民生其閒可不謂自得矣乎然後世之推求郅理者不曰雜伯為烈即曰霸術愚民亦何道而克臻于俗之隆也我鄙霸者我思王者矣王者先天下而圖其可大舉凡宣猷布化莫非蕩平正直之蘊王者

後天下而規其可久舉凡立綱陳紀悉皆卜世卜年之計爵意謂時
癸巳二三節皆宏遠而有筆有古
是民必正誦王功也震王靈也肇壞而祝衞者此、是也夫即使誦
王之功震王之靈肇襄祝衞以歌王之德豈不足以形王治之獨隆
而晄然于洪情之大可見熱為其風古矣則嘗求之詩書而若窺之
文命表正亦慕麃矣然當日初不聞有沐胥釋而咏勤勞之聲則何
也遊想其耕田鑿井悉為耕出所固然而出而作也入而息也此夫
婦子寧止作苦条樂、而漢汾者莫不寬然于先疇食德之中而
遊如其食息優游之致此豈言思所能盡也哉則嘗纂諸景象而若
得之從欲先殖功莫大矣然當日初不聞有稱我后而頌恭王之說

則呵也偃想其含哺鼓腹悉為斯世所同然而父吾父也子吾子也凡夫老者壽終孤幼遂長蒸蒸而向風者莫不悠然于化日舒長之下而自遂其廣大寥廓與之情此豈擬議所能形也蓋無以盡之無以形之則因肆肆如也以是知王者之于民第相愉以造物生成之意故居愉自適而肆肆者與氣机共忘于無名抑王者之于民常相接以家人父子之分故震疊靡存而皥皥者與大君相安于無事噫近古之無王者久矣即聞有惠我元元者亦不過霸國之雄圖漫使民氣有動而無靜游衍有數而無皥皥吾安能不神游三代而流連慨想于不置也

八科大題一貫錄　王者之　李

寫得王者氣象十分精彩卻又十分爾雅如蕭衛畫贊佐諸紀

王者之民　二句　祝詒

觀王民之象想見王治之大矣夫幸為王者之民其驩虞當倍於霸者時矣而特見其皞皞也則王治之大也且立於後代以觀上古未嘗不流連神往焉曰王者之世治隆洋溢生其時者飲和食德其交相慶幸者惟寤寐之耳顧獨不得生于其時何而吾謂生于其時則又不然獨不觀王者之民乎一夫王者之才力心思恒什

王者作用與老莊不同者不交存敏之利之　西延善可

百千霸主則其被潤澤而大豐美原不僅相安于無事王民之飲食起居豈有殊于霸國則其沐膏澤而咏勤勞又豈能相忘于無言乃由今以想王者之民則異甚盛世之宇宙不加廓而藏萬變

學若羣忘於俯仰之中此何如氣象耶上世之百姓不如愚而蠢
氣象僟不識不知中來
井耕田祗共安于作息之下此何如風物耶吾擬之而卒難名之
二比處做出之際之滋味來
也蓋皞皞如也大抵恩之所集感之所歸也王者初不屑于市恩
又何有于感乎之於民也處之漠然民之於君也亦處之漠然
皞皞焉徒令追其甄者穆然于虞夏以前與虞夏以後大抵樂之
此皆史況着
所滿憂之所形也王民生不見夫憂勞又何有于樂乎民之父老
安之者歷子孫而然民之由田野忘之者歷郊圻而亦然皞皞焉
徒令慕其治者慨思乎王道之始與王道之成仰帝德者曰巍巍
明侍王者概王民妁任四字發字則與未節不
曰蕩蕩而民之皞皞遭其渾噩之象觀王路者曰平平曰坦坦

犯乎
而民之皞皞同著其渺穆之風在後人仰遡太平爲設一熊之
形若浩蕩之宇可得而遊不可得而量彼王氏並不自覺也在史
空中摹寫如字卻有意思不露消謝
書揚厲王風譽偉一皞皞之象若廣大之區可得而憶不可得而
束用反襯史筆
言即王者亦不自知也不然麟遊鳳舞物類見樂甑禎祥而況在
乎血氣之衆日華雲爛造物若别開景運豈獨遺于沐浴之倫無
他民遊于王者之治一遊于王者之天地而已矣
發揮俱在下面題只用疊字摹寫作者正難以空空見妙手也
抑身鑽在裏面札寔刻畫而仍不得決筋駢步須于着想落筆
處細味其幾進幾開之妙

七科墨卷得　壬午浙經　王者之　祝

王者之民 二句　庚戌　倪國璉　紫珍

徵王道於民風其忘乎大者可想也夫觀于民而王道可知也擬之以皞皞如不有相忘于大者乎且夫置身三代之隆而幸託聖人之宇此宜為欣喜而不去於懷者也而當時之人則萌翠然而樂俯仰之寬然然而享安全之福轉若相淡於不言之天者蓋未嘗不嘆至治之象同於無象至治之情等於忘情也已則吾請因伯者之致民驩虞而遥思王者之民王者承積德累仁之後生聚既孔殷矣而民風之相與維新者正由丕基之厚而式昭謨烈之弘王者開創業垂統之模幅幀廣方長矣而民俗之思萃其請者

正由洗滌之初而靜待贊育之治吾益由王者之規爲而想王民之氣象即由王民之氣象而得王民之性情夫不有其廣大自得而可擬者乎一民懷原其曠蕩耳而忽焉而中有所感則已動於愛（起侍語妙）結之私而其心畢臨而不廣而王民則何漢然也太和之風渾以穆穆自樂其不足之寬有道之日舒以長第自全其性命之正皡皡如恢弘之氣象蓋自誠甸以迄海隅而罔不同風矣爲問斯時之編戶而居者夫寧弗有踴躍之若也一民情亦殊寡遠耳而紛焉而中有所喜則已濤其淳朴之本而其氣亦盛而不舒而王民又何淡然也順帝則而不言鼓腹者自安於耕鑿敘彝倫而錫福歸

極者自底于蕩平皡皡如順適之襟期蓋自髫齡以逮黃髮而曾無殊致矣試思此日之含哺而嬉者又孰知有艱難之况也故猶鑿飲出作如清然宵鉤而出重闕是耳目心思也而王民獨熟其悲恐而非恐也正使頌德歌功泯然相忘於無事則郅治之莫聲夫名言亦大可想矣而如曰黎老不播棄幼孤得遂長此猶僅見其衆生之仁壽而未得其蕃庶之恬愉和猶是飲食日用也而王民祇覺其悲朴而非朴也正使棣麻井里怡然自有其幹年則舉世之羣欣夫得所亦大可知矣而如曰秀者樂詩書愚者服稼穡此猶第見其循分以寧者而未得其撫心而自足斯時也草木敷賁鳥獸咸若百物咸歸于大順而

近科秀行書　下孟

含生質性之倫亦胞育於茂對之內而若本大遠于古初即衍端並呈休徵協應造物亦錫以嘉祥而戴高履厚之衆共娛嬉於泰平之時而祇自相安於淡漠曾何有於作者之民之日動其情哉

然而王風蓋自此遠矣

遡數遠勃浡浡而來油油而發澤于古者為深

王耆多孚

倪

名貴似先輩名狂

邪神布置二柱

王者之民皞皞如也　立柱八股文　黃越

聖世之民聖人之所運也夫不驩虞如而皞皞如自非王者豈易有此民乎且人主御得民而理而出自聖人則規模自廣古今不易民而治而生于盛世所氣象不同吾見霸者之民之驩虞如也昆吾大彭雖亦稱霸尚不數于奚齊近古之代小白重耳迭起霸圖襲不知有三代渾噩之風則安靜不令人遐思王者哉王者合億兆為一身其精神之運量殊自微則至難擬而從欲而治嘗顯著于其時之民焉王者統中外為一家其神究之精詳正非一言所可盡而草尚之風嘗不遍于其時之民焉吾想民生而為王者

之民初無所以炫燿其耳目而耳目自恬耕田而食鑿井而飲徃
徃積三十年之涵而得其太平求不憂有抱苦而何待恤其飢寒
本自居于逸樂而何至歆于温飽嬋ゝ乎如地之廣抱于其上而
不震不驚也耳目不為之異也吾想民久而為王者之民初無所
以悚動其心思而心思即静服未横經鼓篋絲業徃ゝ游庠序校
之間而貢于國學本不知有百家衆說何自而有畸言尚不見有
綵積名法安得而有畸行皞ゝ然如天之大游于其宇而無反無
側也心思不為之動也農服先疇之壠畝自其從饁婦為餘夫親
見者農之腳脈而習以為常已而更長子孫但見化日之舒長而

不見有外事。自仁自壽，帶自若焉。斯時寧不賴有王者而勳撫而
天下自平，斯其民因賦出兵，恒有歸千，而不嘗識一士食積德之世
祿自其然，譽髦為浡，養謙激先代之遺澤，而安以為恒已，而更訓
後起，但覺皇風之淳厚，而不知有分爭，既富方穀，殊自得焉。斯時
寔重賴有王者，而無為，而天下自治。斯其民還轅結轍，雖有車馬
而不好遊。一一人有積，而宇內食和平之福，兆姓何知，而順則登到
治之隆。思王者安得不思王者之民哉。

錄上如從未道得如此真切，越說得平常，越見得廣大，固知文
到真處，原不在張皇詫異也。

黃太史館稿　立程

王者之民皞皞如也

周學院歲取平和學第十一名　莊紹巖舜廊

大賢概想王風其治象可徵焉、夫民何幸而得皞皞乎民為王民故得皞皞、王者之治象不可想乎、嘗觀郅隆之會民情悉無拘苦束縛

爽若哀家之梨

民俗盡皆丕變咸休若是者何也人曰生民之慶吾以思夫王化之大矣、向使生民之初未範金未合土茹毛者率皆無患於阻飢也然

民生原自皞皞妙想霏霏

居者亦可無待于宅處也豈不知識盡忘思慮俱化皞皞然與木石鹿豕同遊丕冒之天哉、然而從欲之治曷為而必首推乎唐虞各正

落出王者之民恰題恰好

之休又曷為而必歸德乎三代可知依古以來人物別處必待王者而後定者誠以民不能自為其風氣也、王者以仁育義正之德從得

試草

夫能育能正之權則躋斯民于衽席舉而措之裕如也乃其時之民風廣而不殖胡以祗可象會而不可以言傳乎皞皞如也自昔然矣

刻寫真神

王者以帝德王道之大日出其象帝象王之美則登斯民於仁壽推而行之廓如也乃其時之民俗大而無外胡以祗可風採而不可以

虛中設

實求乎皞皞如也風誠古矣然則王道可行原不自今始也擬之王

想乃不犯実實

莫能為擬議之而莫能為議儒生之寤寐所以有皇古之思特恐王

淡永可味

道不復將不自今止也年遠固莫辨其真道精亦難探其蘊學士之

題外生情匠自有無窮意緒

謳思寧忍忘中流之砥一頓使我遠溯芳徽空抱想于明良之不作世猶是世民猶是民曷為而不以輔世長民者再躋斯民于王者瞻雲

就日之天徒令我遐思隆古寄深情于際會之不竭民則猶是代已頓非奚為而不以幼學壯行者再振斯民于王者重聽作后之朝而柰之何僅出於覇者耶。

周學院老夫子原評

氣體空瀾

低徊想象廬還一渾曡真神胸中總自不着色相業師黄君度先生

王者之民　二句　　　　張暎

即民情以驗王道而太平有象矣蓋使王者有意以期於民則已不能皡皡矣故民之大可以見王者之大也且主聖者民不得獨愚如謂古民不若今民之智則論治者必且疑之得無矜大君之明聖遂以陋百姓之顓蒙乎及神遊至治之世而不禁慨然也正即百姓之顓蒙益以顯大君之明聖矣何則凡物獨不之則異分（皡皡之故都不犯矣）（顯著前焉所以）得焉而又以為平矣以爭相輕也若此之所得彼亦如之且徧之六合而莫不如之則異之與乎至此而兩忘凡物驟接之則欣再接焉而又以為厭矣以暫淵涉也若昨之所接今亦猶是且歷之

百年而莫不猶是則欣之與厥至此而俱遂而吾乃深有幸于王者之民也易漓而難樸者民之心也夫民之自樸而漓其與自少（又用比興法）而此當不殊耳吾觀人之機智以久而深則其憂患亦以久而備（不能以一二反面亦不犯實）而逝溯赤子之嬉遊已悠悠難再而有復其初者焉斯擅畢生之愉快而祇全其赤子之心夫王民亦若是焉已矣易動而難靜者民之氣也夫民之自靜而動其與自朝而暮應不興耳吾觀人之酬應以漸而擾則其攻取亦以漸而紛而迴思平旦之寧澹已渺渺難追而有安其常者焉斯歷終日之休暇而祇還其平旦之氣夫王民亦若是焉已矣文章之古質乎萬世以難攀則美之曰渾

渾曰噩〻而不謂嬈其盛者乃在民風德業之高深示千古以莫（襯托法）
逮則擬之曰蕩〻曰巍〻而不謂協其應者悉歸民志均此歲月
而彌樂舒長均此河山而偕形浩蕩同此手足而獨生怙遑同此
婦子而共享雍和一際文明之運而仍餘草昧之遺則耕鑿不驚其（明上古相形）
食飲覺黃農之景象宛然尚留值締造之陰而止卒守文之業則
水火不改其衽席覺宇宙之太和充然常滿此固太史不能盡陳
列儀不能盡述而執簡珥筆之士不能盡書者也殆皞〻如也要
之王民初何强也即王者亦何期也使王民得而强之則已非皞
皞矣使王者得而期之則入非皞〻矣惟是從尚論之下備極其

形容。即已備觀炙之倫。同泯其知識。安得使驩虞之民。亦生其世也。

皞〻該脚。併在下文。若難發揮。篇中層〻襯托。絶不犯實。筆意更極清雋。

前半無一筆鋪排王者之民四字。高絶。中。股做不能皞〻反面。一就人生而論。由少而壯。則赤子時。真有皞〻光景。一就人一日而論。由朝而暮。則平旦時。真有皞〻氣象。分明從上文驩虞二字想出皞〻來。一句收住。仍還他虛位。妙〻。金兆容

王者之民皞〻如也　蔡　璟

象之登于王民有獨顯其盛者焉夫民至王者之世循是民而形
諸民間者有異矣何其皞〻也且民固有情者予而郅隆之代能
馴之以底于忘情非忘情也其情淡則彌旨穆則彌永而形諸日
用之間者風其古矣而無風之可采俗其厭矣而無俗之可紀止
群然共遊于蕩平中而非形容之所能罄則豈若霸者之驩虞已
耶有進乎霸而為王者焉其民習于王而王亦與民習所以洋溢
于規模之外淵然而厚者融諸邇洏油然以顧者餘諸想也其王
化夫民而民亦化于王所以流通于氣象之表藹然而吉者相若

張樸園宗師考卷　江南

以生而渾然而朴者相浹以意也所謂皡皡者非耶王者之民殆如斯矣凡勢之臨者每多跼蹐不寧之意而民際乎王直神其氣而無所于鬱暢其神而無所于阻浩焉蕩焉一時手足之皆寬入于內者優而裕之而展于外者自發而舒之也是王者非有囿民之格而民亦無所囿並非有心破其臨以即于廣本乎素之無所求而自覺泰然有餘也皡皡焉而已凡規之小者每多拘迫不遑之狀而王者之民直豈其度而不躑于促盈其態而不遊于纖沖焉恬焉一時飲食之皆暇情之豫者既聚氣成和而形之曠者自集和成世也是王者非有域民之局而民亦無所域又非有心乞

此分疏廣大自得意

是廣

是自得

推本

是大

是自得

其小以就于大由于己之無或拂而自覺坦然手足矣皞皞焉而已乃知皞皞之中有靜象焉萬物紛以智而息以愚王民智消于

（靜○簡○二○意○更○渾○然）

詐巧之未開而愚安于拙誠之可守故各相輯也莫相擾也不必卻動求靜而瘠痛俱可不驚其敦龐之習擬之雖化而入之則已

（是○知○也○神○哉）

然乃知皞皞之中有簡意焉萬物浮于新而厚于古王民之食用漸新而未流于浮風氣仍古而相培于厚故從容而不忤也淡漠而相遭也未嘗避文就簡而性情各自有真其渾噩之遺想之無窮而思之則愈遠甚矣哉皞皞之王民豈同于見德而感見恩而悅者哉

張樸園宗師考卷　孟子

靠定註廣大自得之貌發揮精悍刻摯摹擬逼真置之湯若士集中殆無以辨　原評

皞皞之故在下實既最易犯于虛擬又難看筆照注刻畫抑何神肖也但唐人咏物詩出自開元前多少淡逸渾括至大曆後則太傷筋露骨矣文狂搜覓險則是浪仙長吉一派　濱琳

王者之　蔡

王者之民皞皞如也　　衛良佐

驗王道於民情擬其象而如見焉夫民之皞皞非王者莫能致也民何幸而生王者之世乎且人主撫有億兆一有所及而輒感者必其所及止乎此也若夫聖天子在上無意於斯民之我感而民亦卒不知其所感之何從後人追溯遺風誠有可思不可言者而不禁置身其際以代為之幸耳吾由霸民之驩虞而竊有懷於王者之民焉猶是民而獨係之於王者間嘗晋速詩書而遇之乃詩書所紀究不傳草野媚上之一言蓋後世歌思賛誦之端至王民而淡然忘矣均是民而獨別之以王者又嘗稽考運會而得之乃運會極隆並不聞愚

無限手神

賤忻慰之何事蓋後世鼓舞懽悅之情至王民而渾乎泯矣哉擬其象皡皡如也王者之澤民甚徧其治天下如一國治一國如一家舉斯世親蹂躪之衆夫疇不歸一王之覆載者乎而民之共遊於覆

書卷之氣撲人眉宇

載之寬者固無之不自得也吾觀王風所錄郊邑之間有芣莒之婦女豈岐而外茂葭蓬於春田蓋宇宙太平無事而家室和樂之意人物雍熙之景至今可想見也王背之及民又甚遠或被之一世焉或被之十世焉舉民間父子祖孫之業夫孰不沐一王之膏澤者而民

開拓言之俱在

之深被其膏澤之賜者固歷久而彌適也吾觀王化所遺自少至老

個中

而不覩兵革爲何物則憂喜俱有所不生徹幽遠渺而無俟壺飧之

相加則施報俱有所不較蓋海內承平日久而治忘其所以治仁莫
指其何為仁及今可深思也変揖讓之運於兩朝而稱之為王者不
無肇造非常之事然創非常而民不驚蓋其安之也若固然矣帝降
对言原不兼帝皇此文獨見洗剔
而王興或疑三代不復為唐虞而王治一帝治寧謂唐虞不見於三
代乎鑿井耕田人猶中天之人心猶渾噩之心也王者顧何以得此
於民哉萃蒼生之望數十載而躬逢於王者應有大悅莫禦之情乃
悅之至而服於誠蓋其藏之也若無意矣王者無事不從民起見絕
無遠道于譽之舉民亦無念不與王者相肖寧有私心媚主之德乎
含哺鼓腹風則廣遠而鄙隆俗則朴茂而安靜也民又何以得此於

王者哉不遡王者之世不知民心之古既經霸者之後益思王道之平則試就皞皞而想之竟是一副王民皞皞圖摩詰詩中有畫今讀著卧遊而不厭後二比則又行到水窮處坐看雲起時也 王雪屏

王者

○○○王者之民皞皞如也

常州府尊李考 武進縣學一名 劉 麒本姓段

思王者之治而於民見其象焉夫見王者之民猶見王者也皞皞之（有清書諭世之識）象固使人如見之矣且夫羲農以前無可傳述而由唐虞以後雖帝與王異其稱若主術民風歷數十代如一代自有霸者雜乎其間而民始漸變此考古之士所以溯懷在昔而不禁情深於其際也霸之民驩虞矣王者之民將不可復覩乎不幸而不生王者之世不獲從父老子弟之後親覩斯民之風氣則擬議之而不克肖也猶幸而生王者之後亦嘗從經傳記載之餘想見其民之意象如將遇之而難名言也王者之時去草昧未遠渾噩之風猶在有王者首出以御之

雖讓伐異也禪繼異也而此日之民祇自安於故常未嘗見更化之意焉王者之世治天事爲多嗜慾之情甚寡况王者相繼以撫之雖經綸備也文章備也而千餘年之民祇弗失其恒性大異乎市恩之勞焉（每于未嘗實處見力[illegible]）其爲愚民歟耕田鑿井日用之外無餘計也先疇之畝畝子孫世守之絶無意外之憂虞以驚其耳目（[illegible]是譁[illegible]氣象）故作息寬然而神明無所于擾即鼓舞謳歌非邀惠也祇如赤子嬉遊於父母之側而已矣其爲秀民歟入孝出弟仁義之外無畸行也各具之知能終身恒率之别無閒出之奇衆以小其志氣故俯仰泰然而性情無所於飾即詩書禮樂猶寤寐也祇如萬物生成於覆載之中而已矣使霸者借王者

之事。以求民。如是固必不。能即使王者意欲求民如是而王者亦不能。何也。有意則已隘。無意則自廣也。仁至而及於樂。至而及於忘。（可味）在後人追溯之。以為有此而終不得以近世之規模形其浩大之槩。使霸者之民而過王者。其如是固可得。若使王者之民而自勉為如是。則王者之民亦不得。何也。得於勉然則有盡。得於自然則無窮也。功不可言而言其情。不可言而言其量。在今日追擬之。以為近似。而究無容以目前物色名其曠蕩之風。則以為皞皞如也。與驩虞大故懸絕也。吾是以神往於王者之民也。

皞皞實義俱在下文。俗手為之。但以虛套了事。本題全無着落矣。

此則酌於虛實之間。自有刻劃精工之妙。淺學豈能問津。黃子香原批

虛描淡抹。未嘗不可見筆態。終患其本領鬆也。如此靠實發揮。是老手專場處。毋云質不宜纂。

[illegible]春之　劉

○○王速出令　吳 柟

為齊云救有出於無策者焉夫王亦安能令天下哉於以令燕則有餘故頭王速之也孟子曰天下有擁全勝之資而求緩須臾之圖如王令曰之事可不為寒心哉危矣亡無日矣在旦夕矣雖然後起者藉也遠怨者時也計者事之本也需者事之賊也王何以待之王速出令而已矣令不出自王將出自諸侯勢去矣惟此為先發之勢不出令則王危孫守猶危權孤矣惟此為權敗之權臣知王出令亦悔不出令亦悔也出令而燕失王必曰惜矣五句之舉盡也不出令而燕敗至將不止燕失王必曰惜矣哀痛之詔寢也均吾悔也無寧恃

（開口便○歇○齊王對針）
（○通起處字○有勢○）
（承○字○醒○出○）
（妙○在○說○破○濟○宣○）
（心○中○）
（說胎○而策語○上○變○化）

慚悔二字妙得真情　令字且不離題

失燕皆知王不亡令亦慚速令亦慚也速令而轉禍為福王必曰蓄矣以激燕救完齊也不速令而萬端俱至王必曰羞矣以孤窮懸兵質也均吾慙也無寧慚完齊諸侯之緣禍齊者乘燕之急王之悔禍燕者亦乘燕之急不然大兵一至而衆講西解為天下笑矣城下之盟者何如今日之大號也哉諸侯之敢有名者速出兵以禁暴王之最得算者即速出令以禁暴不然與國方睢而綴甲連衡長驅到之矣擣師於即墨何如傳檄於漁陽也哉措王水火益深之後而上語雲霓者非加疾也特曉露其罪已而以啟王天殃不取之心證空詞文武事已大謬也急解散其口実而已臣為王待之如此

緊對此兩侯

過接速字言之命公然

上兩轉何等有

令字斬寔痛古趣下

上有動天下之兵下有獨可以止速字乃利害所關關不容
速出令正而便寫不速出令之面曾ㄑ刺入筆有穿札之勇
儀
其所令即下文止旄旌三項也此一字雖虛然正速出之字儘堪
揮寫於上三字寫實義於下一字留虛步可以百變而不窮黃際
飛
題正答何以待之一問所重止在一速字処ㄑ逼醒速字処ㄑ歸
到待字焰顧題脉鈎醒題神看題甚細故措語俱得情中竅徒嘗
其用筆之銛利猶皮相也李惠時

王速出令

以義聲進齊君循然王者之師也夫豈曰諸侯謀齊而遂為一切苟且
之計乎正告以令而義聲循然先振矣其以之來齊也曰上兵之千人
也貴伐其謀而帝王之行師也穀義為重王令者席伯國之餘撫戰勝
之業即諸侯之兵集城下而我知王必曰吾寧以燕為殉也已吾取燕
而齊利即天下之謀救燕而吾勝之而齊名利與其坐而失燕也寧僥
所懷知是
倖于一戰以期萬有一得也噫此無論不能待天下也即能待天下而
救燕之義天下得之不義之名齊已被之君子以是知齊之不能正視
諸侯也已矣夫師出無名兵固不正渙其大號衆志乃服彼山東之建
國最強者莫如齊而山東之國可以為政而得志于天下者亦莫爲如

我前伯晉戶下大勢社旧領嗣

道以撫甚

齊之王義昔者子之〻飢亦具可以為政于天下之機而使其發徒者
下明詔則天下之望王嘗知望湯耳而王不能故天下之人共起而誅
齊耳則王今日何可不出令昔者五旬之舉天下知以齊有為政于天
下之勢以為彼者行王政佈王令則天下之人當率而帝齊耳而王不
能故諸侯之兵共起而謀動耳則為主今日計何可不速出令蓋士君
逆變之言
子之于征伐也非徒以兵加人之國而已也恭行天討之日必先陳已
所以至此之由以布告天下而後天下之聞者不疑所以南巢之放必
格于衆庶牧野之陳必誓于商郊而古君子之於臨人國也尤非徒以
兵墟人之邑而已也罪人斯得之秋又必陳已所以處此之意以告于
可〻方而後天下見之者不忌所〻[illegible][illegible][illegible]亳之日必誕告萬方而師旅

前戰之日必告以無畏自有此

卑子之推風可不可也盖以之令晉齊未必勝天下而以文令者天下當日諒齊也自有此令而五霸之衆將不用也蓋節以投擘齊未必勝魏之武之而布以王言且可以饒湯武之仁義也故曰知予之為亂者政之實也因禍為福者乎之紀也是在王熟計而審行之也

辭嚴氣壯如漢祖發喪一詔足以震動當世三國陳琳之使朝表而慕之此其氣固已戰矣安可與言文哉　周介生

王速出　葛

天下之賤工　工也

韓菼

忽賤而忍良均未足以究良御也夫良即善御何至忽賤忽良于奚之口乎當是時良獲枉矣凡是非榮辱之故以出于君子之論者為正而流俗不與焉故為世所詬病不必恥也為世所稱道亦無足重也蓋人情無定則其論亦無定也良良御也而御奚羨乎良巧為奚御哉御即良而御奚何而果以不獲一命開君子曰此良工也得毋拂嬖人意耶奚果怫然不懌復命簡子曰大夫始以良為天下之良工也今而後奚知為天下之賤工也夫不能一當嬖人之意何以得嬖人之驩其賤之也無足怪然當是時良以御聞天下顧獨得賤名

赫下山房評此文以勁氣行其□何□為局

且出自變矣曰知良者也為良惜周有是良者良衆多動也曰誰謂
○請○後○句○與○轉○周○尚○再○伏○
而公賤者周諺為畏矣者請矣曰賤工尚可再辱縣痛懲鍼而觀焉
○伏○何○甚○發○樂○驟○工○賤○嚴○
奚猶而嚮同賤工來乎心不欲往顧良情盡力不得已就車矣色益
一字一義字字神到
恐見恐孫矣意中已無良而良嘆焉甚不當矣意也然何而之敢
原矣室平夜既獲矣又獲矣良實在之右之幾之援之僕不禁朝
以○財○五○東○一○蒙○妙
獲實十也禽下何乃知良矣不知也良亦不言也然圖嘉遂言歸
原○批○皆○若○驚○
其夫未始吾以為此天下之賤工也今而知是天下之良工也一暢
一良也忽賤之忽良之一朝嘉中國以良勝誰吾良之亦惟吾良之名不
原批○
為我吾卯獨是良以御賤天下而顧自從嬖臣游得無賤甚哉曰良

天下之賤工 工也（孟子） 韓菼

圄不失為良工也

用賈陳傳句法回環首尾中間獻款即背筆胎史記豈有柳子所

譏不類者乎或云摹擬太過然近王李不知王李所以為偽體亦

以其文不從字求順耳如韓子之毛穎傳亦何嘗以摹擬為嫌耶

舉一二譬自謂不類學者如是見蟪未斗

由賤得良在中間請幾與俱乎良能用奚處故摹寫賤工良工

變奚尚在王良術中難為首尾皆據分端款只與綱環補他文重

斂首尾者自別無處不帶入賤下要自一綫穿如

天下有道　二句

方苞

以道斷天下則不疑于所處矣蓋道之有無乃天下所以盛衰之本而君子之隱見視焉所以有濟于世而無失于己與且君子之自處也蓋審而觀世也甚微安危治亂之際有人為之動色而警心而君

入道字不當學字看其意言非有道有守者不能

子弗聞也獨有默窺于本原之地以決其可為不可為而制吾身之

反此

進退者則亦曰道而已矣天下有道人方安樂而無所事而衆方厭

出刑出才

隱之流亦或自晦于寬閑以善其短而君子則有不忍于世者焉天下無道人或樂時以濟其欲而豪傑有志之士又或樂投于禍亂以騁小材而君子則有善藏其用者焉其見也非徒已治已安而其天

下敵人君子出而樂之也有時內憂交寧外患洊迫其勢亟亟不可緣是而君子獨毅然身任而不疑無他信其道之不失耳其上有下暢從屬之心其下有深固不搖之氣則天時人事之相因者吾一出而旦暮于朕矣其危也不獨已危已亂不復利其雄寵祿位而以身為狗也方其朝野無事民物滋豐舉世從容以領太平而君子肅然心憂其不遠無他兆于道之先亟耳其章皆隨懷于寘眛之中其慮已伏纖于蕭牆之內則斯世斯民之綱屬者不得不留吾身以有待矣故謂以安下余然與天綱人者竹帑睽逸之候而不然也縱來宇宙之惠氣多萌于極盛不有人焉出一持其後吾恐天下之有道不

原批　周易參

長也且既已有道而何容隱而不見也嘗二代之際徵見士有不遇者哉運殊事極國變亂反正者所當之試之時而不然也雖事勢之流極無不可轉移而尚令君子得以建其才豈得為無道之天下也且隱而不見正欲易無道為有道也草野謂瀆之間豈嘗須臾忘天下哉苟不知以道為衡則可見而不見以為貴愛其身以存道而已後而失其時宜隱而不隱謂可艱難其身以需時而終閑而失所據隱與見之間一身不可以再誤而終將何及哉

鸞鳳之音雷霆之聲掀地徹天句句欲活此非靈奇不能為也荊川謂中間本朱子將曉將夜意思歟作者意熟讀自然爽暢中

醞釀涵澱而出，從言之有物，而足與朱子之言相發明。徒據儒先
一二理語，無從有此發皇也。

天下有　方

天下有道則禮樂征伐 一章

何東序

聖人論政之自出、而有感於盛世之風焉。蓋自天子以至陪臣、政固紛紛四出矣、殆諸得失之故、豈盛世所宜有哉、夫子有感而言曰、王者之治天下也、操刑賞之大權、其保天下也、嚴君臣之大分、獨斷則治、多門則否、有道則長、無道則否、夏后殷周之世、未有以易者、吾想天下有道、貴賤位而名分素明、制建尊而人心大定、命德討罪、無一不奉乎天道、禮樂征伐、何者不出於王朝、將見乾剛無旁落之漸、恆以一人而統萬幾、神氣絕阽危之虞、遂由一傳以至萬世、當是時也、觀之在朝、臣職修明、閭之在野、頌聲洋溢、蓋極

只領二有道句

總挈在前、則中間不至傾重

其緊緊只以作龍彈壓

即為後二節起本

慶曆小是大行遺集……義門書就

治之象也何天子守府而諸侯大夫陪臣以逓而漸陵臣妾改物

（此處起至逓三有道句情族為一）

而十世五世三世以漸而愈促爰自溴梁會而大夫專大東作而

小人言殆岌岌乎不可為矣夫惟有道之朝究在今昔之近一致（使秩）

（野天子二字作首尾呼應）

一令稟天子之成式而朝無威福之大夫一舉一措服天子之至

（然會類神不獨鏗鏘輝煥）

公而野無謗議之庶人要之王室定鼎不遷有如起而誅之九重

之上煥然禮樂征伐之一新先王新天有永及時亟而反之奕世

之業依然文武成康之再作國於天地有與立者豈止卜過其曆

哉

朝發白帝暮宿江陵雖飛雲迅鳥不能過文勢急捷乃如此　李

天下有道　一節

學中　李廷枝　李嶸甡

權既於尊、道在則然也、夫禮樂征伐、取世之大權也、自天子出、不可想夫有道之世乎、凡以天下之勢、紛紜而不齊也、而惟道可以一之、夫道之所在、尊卑有定分、威福有專權、惟一人獨盡、夫道之實而天下遂共範於道之中、此宇宙之大勢所以定於一也、吾不禁、穆然於有道之天下焉、夫道者應乎天而順乎人者也、（提筆高踞以意）與怖天故非惟天討而天不能自爲也、亦之君以持其柄而致治有其職亂有權天命於是乎專有所屬民有攸好民有攸惡而民不敢自用也秦一人以秉其命而撫文有壽奮武有威人心於是乎獨有

近科房行書菁華　論語下　六四　[illegible]花書屋

所踐如是而禮樂征伐有不自天子出者乎天下當草創之始文
（古○氏○譜○歷○）
物未興戎車甫究中外方悚息而望治於一人而堅乎天子秉遵乘
惟乃能肇一代之勳而建其極當是時振辟雍之鐘鼓而講學行
（被○王○会○圖）
禮說服者在四方號虎旅之干戈而罔藏道河震疊者在六服道
降於闢劍則禮樂不相沿征伐不相貸一祇承乎皇王恪許而已
（文○入○彙）
天下當積弊之後百度弛備三軍發安朝野方引領於王猷之復
振而明天子議道自己乃能樹再造之業而握其樞當是時矢文
（文○六○如○龍）
德於四國而會同赤芾舄一統之車書揚神武於六師而雷霆辟
（如○龍）
驕情不庭之酋靡遜戢於中興則修禮而舉樂北伐而南征一統

歸根道字精警出[illegible]

攝乎有嚴天子而已蓋惟以道爲權衡故經邦定亂之略具[illegible]之也至愼則其出之也不輕試思周官周禮經兩經之載定而始成

論肆發

多士多方有可用之刑威而不試經綸藏於家分則雖乾綱獨攬而猶不勝其濫迴鄭重之思抑惟以道爲裁制故信賞必罰之機其操之也至尊則其出之也必決試觀郊天禘廟示報功之寵錫而非私破斧缺斨橐減鈊之大義而非忍威愛準於經權則惟震

李○次行時○前○如○廿○同○至○尤○人○

不○勇

衷獨裁而又何至有假借拘牽之患理原於一定則臨以天澤之義莫不服其敎而畏其神勢定於一尊則明冠履之分孰敢職自專而愚自用吾安得不穆然於有道之世也

天下有道　一節（論語）　季廷枝（榜名李）

天下有道

季

溝詞鏗憂勁氣鬱盤處處昧標首句尤有前身人識力聚會處

經術深茂力掃濟靡如見蘇軾手筆文勝集

天下固畏齊之彊也（孟子）　汪越

天下固畏齊之彊也

汪越

以一國而見畏于天下則為齊者已危矣夫齊與天下不敵也然其彊也天下自燕之來伐已畏之矣其可危何如孟子若曰王今若有聞于諸侯而欲待之也王之心亦不能無畏于天下矣雖然（對面逆襲而入）已知已之畏人而不虞人之畏已此慮事不豫而為計疎也臣以為行師用衆者不推規兩軍之勢而當察四國之情取燕之役臣不知其可誠為王慮此天下耳（落筆老）夫使齊之為國天下之所易而侮焉則掩其不知而出之殺必不深何者以其非雄長之區也即使（反剔法）齊之為國非天下之所環而伺焉則乘其未合而舉之釁必不速（次第）

何者猶未至猜忌之甚也王試思之夫諸侯豈嘗須臾忘齊也哉
反訓異
爲齊之強天下畏之矣以九有之輿圖按之齊實集天下之一向
且○留周宇為中○腹地
○先○着○並○齊○之
周室之既衰諸侯莫不以智力相併而齊以霸國之後與之南面
○明○一○葉○轉○出○諸○侯○之○衷○
而分王夫地醜德齊者不能自強亦幸人弱耳天下惡齊之能制
○先○抱○動○又○字○以○徵○閒○字○
之也即其釁端之未見而固嘗耽耽而視之者也以六國之從親
較之齊實當天下之半自秦人之蠶食諸侯莫不以割地相先而
次第
○意○視○
齊以最勝之遺與之西向而爭帝夫聲勢相倚者不能俱強亦寧
○出○股○更○進
次第
○劉○上○多○謀○
與俱弱耳天下且懼齊之遂臣之也即其陰謀之未開而固嘗竊
○固○字○還○他○所○証○
竊而議之者也自昔事大恤小不免于撫劍疾視好勇如王天下

天下固畏齊之彊也（孟子） 汪越

聞之熟矣聞之熟則其嫉之深自昔游中撫外未嘗不竭力盡心
大欲如王天下知之久矣知之久則其防之切嗟夫王果以云向
之提天下之賀戰勝者在齊乎齊相賀也諸侯自相弔也積忿不
堪言矣所未定者意召伯之墟不亡耳王將以萬乘之伐天下之
夢仇讐者不在燕乎彼于燕何仇而于齊何德也危形業已成矣
所未敵者恐湯武之師難勝耳秦之何又倍地而不行仁政乎天
下之兵王自動之王之千里而畏人固其宜矣
須隱然爲動天下之兵說法逆從又字取周字方寫得本文語
勢與下句緊相貫注若箭鋒所直以馬應弦故每于追進一步

小題二集式法　集下　孟子　天下固畏

小題二集式法　集下　孟子　天下國家

○處題情倍覺胡[illegible]淹○　治

○○○天下無道則禮樂征伐自諸侯出　高東生附

道之失也、天子之失其權也、夫天子不失其權、諸侯誰得而專之、有專之者天下之無道也、子意曰上無明王建中和之極○行賞罰之事輒喟然曰是獨不得賢諸侯從事其間耳自我觀之此天下之、無道也○賢親之澤謂宜子世其子孫世其孫而不謂運數漸丁其閏○令共之誼、下詷君盡君道、臣盡臣道而不謂人事先落於旁○

樂、道、句、統、貫、大、夫、陪、臣、秋、出、諸、侯○華、夢、謡、俗○

大約天下無道則禮樂征伐、自諸侯出、云其自諸侯出也、由天子之非其人也○天子自棄其柄○故諸侯起而竊之、且由於天子之非其人○而諸侯之併非其人也、天子自棄其輔○諸侯遂妄自為之○斯

時也諺有賢者智者起於諸侯之列勢必舉禮樂征伐之權盡歸

（二股上下流盼妙絕）

之天子而天子不能受以此知政之已息人之已亡而大命之已

（抱轉正是截清下十世句）

訖也故曰天下之無道也即或强者能者力於諸侯之政能使禮

樂征伐之權不更移之於下而有我諸侯而止此但可謂之薄德

謂之苟安不可謂之大居正也故曰天下之無道也蓋自諸侯出

而大夫陪臣之起而攘奪勢所必至也究而言之自天子失其權

始失其權者失其道也

吾師之文獨挺流俗高峻英嗣譜乎世未有知者即此義豈不

兩江兩未歛手徐壇長

盤旋無道題句通體都靈并題之上下亦皆攝入蒼龍轉玉骨
黑虎抱金柅當年落筆欲與爭奇

天下無　高

天下歸仁焉　袁德岐

極言克復之效，可即天下以驗一日焉。蓋仁者天下之公心，誠克復盡而仁自歸，誠有可于一日信之者。且人之為仁也，豈頓我為者事而其人之有以許我哉。然天理之在人心，本不間于吾心而存無以合乎人心之所同，則猶未見其為天理流行之日也。何也？仁者一人之心，而亦即天下之人之所以為心者也。故為仁亦莫難于克己之一日耳。無此一日，且未敢信之于吾心，而有此一日，自可以諭之于天下。天下不必皆仁人，而懿德是好，此固其根于秉彝之良而具當一日亡者也。天下亦未必亦皆好仁，而理義之悅，此固其出于虛然之心而不能以自已者乎則我誠克復矣而天下有不以仁許之者乎人孰無己則知其為己而不能以自克而我乃克之則天下曉然共見其無私自不覺悅服之意萌于中而推服之情見乎辭矣心孰無禮明知其為禮而未能以履復而我乃復之則天下翕然共見其猶禮自不覺機械之念消于外而好爵之縈繫于心矣其克哉而克復者樂我之進修而嘆我之寔獲尚何間于聲應而氣求其徵我而克復者欽我之閑存而樂先得其所同自可決其心悅而誠服無純粹精良之理盡人同具而我感之以其天則如逢其固有夫是以合智愚賢否之倫不言而信無私當理之為翕然同慕而我亦之

如其所則誠然而勢彼夫是以極鄉國天下之大不介而守一錐曰擬
聲無關于性分而以之驗人心之向背即可以徵天良應感之幾矣
知何慕何延以聲心而以此求天理之應違即可以為功力純疵之
驗故謂為仁矣而猶不足以取信于天下者吾不信也
仁是天下人心同具之公理欲寫歸字須先將天下二字說得原
是共一鼻孔出氣則歸字自然躍露蓋天下之人雖不能皆知我
之克復而以我之仁觸槩固有之仁自有翕然相湊合者此文之得
于處只是接類天下二字得濟

天下歸仁焉

辛丑　馮詠

天下同仁、惟仁有以召之也、夫仁者、天下共之也、使其不仁而能强天下之歸乎、故即天下之歸、可以驗仁矣、且夫擴仁之量、萬物（從對）皆本于一體、（而說）而驗仁之功、天理必合乎人情、良以退藏于密者、由微而顯、相孚以心者、蓄極而通也、一試于克己復禮之一日、驗之無私之謂仁、私非我所獨懸也、一私不存、我心快而人心亦快、豈以（精采語不在多）人自治其私、猶有不明而觀人之去私、則人心之未息者、昭然不爽矣、一存理之謂仁、理非我所獨有也、萬理悉見、一心安而衆心皆（獨得理乎之要）安、盖使人各謀其理、恒或自恕、而見人之存禮、則衆心之相孚者羣然無閒矣此固不特體仁足以長人也（此只論中節一層意）守之彌貴即放之彌遠道義之門固已合天下而統之又不僅仁者見之謂之仁也（此層是題意）近則不遺遠則不禦心理之同莫不還舉吾仁而歸之天下雖有異形（次第）本無異性（透宗）羣分類聚而後道心與人心各並存而未定見有清[illegible]（精定論當）自持者孰無帝降之良乎誠動于此機動于彼静而虛焉天下咸以為心之明通也動而直焉天下咸以為心之公溥也蓋仁統天下之善以性相感而萬物一源則形氣之屬不離乎性理有固然耳天下既無異性必有同情降衷有恆以來天理與人欲每静觀而自知見有操存不舍者疇無好德之意乎不言而信不介而孚

正蒙對通書理辨精確

本無我也天下咸許其正已之盡矣本存神也天下咸妙其應物之感矣蓋禮嘉天下之會以德相召而人有同心則志氣之通感主于德亦心所必至耳世固不皆仁者詎能悉通神明之德我能致其歸焉自可以類萬物之情所以驗之天下而尤操之一己也

所以歸仁之故探原摘要切實發揮精理學叢何處著一廓落語談理之妙堪與宋儒分席　張魯與

天下歸　馮

夫人蠶繅以爲衣服（孟子） 徐帛發

夫人蠶繅以為衣服

徐帛發

禮著夫人之職、所以助諸侯也、蓋言諸侯則及夫人、其以為衣服、殆助粢盛之供者耶、且士有家、諸侯有國、然撫其國者非獨其主德茂也、蓋亦有內德之助焉、故陽教理于外、而陰教亦理于內、于以奉神靈之統、而共宗廟之宜、君夫人無敢或惰已、君國耕助以供粢盛矣、然薦黍稷之餘、猶未致嚴冕之美乎、（從粢盛入衣服）潔俎豆之奉、猶未飭黼黻之文乎、而且袞冕黻珽、昭其度也、火龍黼黻、昭其文也、是不可無以為衣（亦出以為）服、而夫人曰、奉公侯之事、而于以采蘩、于以采藻、不過副之于几筵而佐乎匡筐之來、親東鄉之從、而遂采繅之元黃之際、以供之于宗

廟而分乎粢盛之薦獨不見大祈之朝夜分蠶積以卜桑種之吉乎
我后已謹乎繭絲功之始矣我宮中之人而幽植繭蠶不盡具焉以俟
于浴川織屐之用則何以奉我寡君獨不見歲之既畢世婦卒蠶遂
獻蠶繭之示乎我君且樂乎蠶事之成矣我宮中之人而分繭稱絲
人領上補切
不効功焉以成乎黼黻文章之美則何以見于郊廟蓋既不能以六
宮之掌而與乎三離之禮則黍稷稲粱之美寔尊藉乎寡君而以薦
其馨香即亦無幾以就服之供而賛乎奉盛之效剣戴勝降桑之後
即不敢逸于宮中而致修其蠶織後此入廟之時則君執綯夫人薦
況君羞齊夫人薦豆夫人幾與君同其禮而當受繭之日則世婦獻

之曰所以為君服布之三宮曰服以祀先王夫人不過為君職其勤降此而卿之內子為大帶命婦成祭服庶仕者之妻莫不勞于紡績（已上注列士之妻仕上）以為礼服之助其亦達以夫人之礼也夫

蠶繅明是兩事蚕是養蚕如祭義奉種浴川公桑風戾者是繅是繅絲如鄭註所謂每淹大總以手振出其緒者是特下淹淹脊解繆矣又夫人親繅禮一如[illegible]躬桑北郊例止是率先勸勉諸命婦原非常留養蚕其親繅禮亦濰或云水邊繅隨三盆或云三次淹之其終蠶繅之事主領蚕率者在天子則卜吉之三夫人在諸侯則卜吉之世婦耳初不關后與夫人事也周禮之記註疏意皆

如此文中機樞。可謂骵貼細心。俞寧世

說夫人皆是說諸侯。說衣服皆是說祭祀。當看其補觀之妙。典核

出以圖敍。墨池即是璇源也。

夫人蠶　徐

夫子之云

王步青

言以人別亦人以言見矣夫云賜賢於子非武叔必無是言也然非是言亦惡知其為武叔子貢曰今天下自號知人者鮮不謂人之度量相越性〻見於吾言矣自眼觀之非所言之人之必以言見而言之〻人之己無弗見也子〻大夫〻誠知得仲尼之門者蓋寡（鏤刻真字）而試以是思今日之云不知其言視其人之人也固門以內所相視而審而門以外所交背而遇也（解順）不知其人聽其言斯言也固門以外所雜然歎疑而門以內所褻如寬耳也（妙語）誰歟云者蓋夫子也謂夫子非有心之言則豈竊然居執政之班等諸曹好曹惡之口

今而知夫子果無心也見止此矣言止此矣謂夫子非無心之言

則豈儀若𢞓人倫之鑑流爲作好作惡之私今而知夫子自有心

少○字○知○土○委○地

也所見爾矣所云爾矣夫天與之貌道與之形斯人之散布於寓

內者我遑知其作何語而無不可以鑒絶而別舉好言自口旁言

實○做○○字○妙

自口所傳之雜揣於吾耳者我惡識其爲何人而要不難於尋聲

而索處故微夫子奚而有是云也賜一見而知之微是云亦奚以

妙

測夫子也賜一聞而得之然則自有是云而賜致悔也孰使汝以

精

區區之好日衒於云云者之側而發誤短垣之自踰何也天下之

業○妙○若

上○句○鉄○雅○本○位○語○氣○恰○合

見其所見者不獨夫子也自有是云而仲尼亦何悔也天縱我以

無盡之藏偏靳於云云者之月而非関良賈之若虛何也天下之未見其所不見者亦不獨夫子也一來俗喜雷同之識諸大夫而或有異心也何未聞其别有云耶君子多責備之詞于大夫聞是云而遽然驚也何其不深諒夫子耶一夫以夫子而有是云亦適成其為夫子之云而已曷怪焉

本題四字緊從上句轉落方合端木氏語妙不善會者便似矛棘相向多少輕薄　胡丹中

做覘之思與題不盡　若霖

過於纖巧便成曼倩滑稽要雋思妙舌以書卷氣佐之是推大

敦復堂稿

雅　汪香山

夫子是

壽嘉

夫子之云

江蘇陳撫臺觀風　安經傳
金匱縣學一名

言不越乎門外之見、肖其人者適還其云也。夫以武叔而云孔子、亦武叔之見而已、賜故以其云適還之武叔也、今夫人云亦云，殊許其言之漫無所見，而推是比類以求降也。若語焉而獨求已見以自鳴其說，則別乎類而不居為附和之辭，自可出乎類而獨明其卓越之識，謂其言固適不猶人耳。（曲折赴題）乃言不猶人而適自肖其人，則不必許其言，還以問諸其人而已。如孔子之美富不可見，而得門者寔寡，則嘵嘵之夫子，（盤旋）胡為強作門內人觀也。古來片語定許，勒金石以不朽，蓋言者非苟，故聞者乃足重也。今日而求不刊之名論能無望乎卓識然亦僅矣何夫子有云遂不啻超出等倫也（評徐為炯）古者同人相賞銘肺腑以不忘蓋言者寫其款闊者心折也當世而求有當之品題能無待乎知音然而希矣則夫子有云寡遂也迥異尋常也一人也群得而輕重之一言也亦群得而輕重之言與人品處其兩而相權則相當設素重其人忽聞無足重之言素輕其人忽聞甚足重之言轉訝兩者之不稱賜合所云於夫子固（上言字別）兩衡焉而瀹得其交歟人不同而高下之分殊焉言不同而高下（影得血）之分亦殊焉人與言類從其一而相核則相符設人素躋於高而忽為言之至下人素儕于下而忽為言之至高轉疑一者之不貫

賜觀夫子之有云直一視焉而適形其妙合賜用聯聆其聲音徐按其辭氣言有矢口而成聲者一思而即見其然也意者夫子深觀吾黨別有一見據于胸中遂不須聯轉深維而若早有確指則便于口者率意出之而竟有是云言有沉吟而嘆想者深思而益信為然也意者夫子密揣聖門異出一見以為得當亦不憚曲折審量以共決其疑焉則艱於口者慎重出之而究無以易是云況夫子或甚樂有是云自快遠識之竟到此也遑求為見之真竟號人倫之鑑儼於甄別一途獨剏非常之議論而踴躍鼓舞而出之者夫子之云乃夫子亦何必無是云而繪素見之不過此也不顧

受者之安遑恤聽者之駭哉以口舌一端曲狀無由之識解而猶夷坦適而出之者夫子之云賜亦何從易一詞焉強索解哉則以為夫子之云罔背

語多冷雋精亦有餘　原評

筆論小題文訣在能斬偏不可執以例此題夫子與云劃然中分之字便扶不離宜字亦吸不起矣作者妙圖圖做出箇夫子之云不走題神而下句已如弦上矣　吳存揚

坐煞之字擊動宜字盤旋與衍恰在箇中　高自栢

夫子之實

夫子之云

江西僉宗師歲入贛縣學一名 胡 琯

以所云而出乎大夫亦遂成其大夫之云矣蓋叔孫之夫子而為不得其門之夫子則所云亦為不得其門之云矣賜寧有深論乎（○夫○子○空○中○）意子貢曰世之好議論人長短者無論失其所以為人也而先失其所以為己夫先失其所以為己則人之長短固不得而見其真（○神○氣○恰○佳○）也而彼議論之所從出轉着自形之而使人從而想見之得其門者或寡而又何論于爾夫子哉而賜因以知夫子也世祿之家嘗多學問之士何獨于叔孫之夫子而有疑也而賜向者未之知也（○神○力○以○頓○挫○而○出○）今觀夫子之云而乃知夫子矣而賜因以知夫子之所云也肆爾

譏譏豈定知人之識何獨于叔孫武叔夫子而不爾也而賜向者未得夫子之所云也今觀夫子之云而知夫子自成其夫子之云矣賜于是即所云以想夫子賜于是即夫子以想夫子之所云言可發難顯之情而亦可象不言之隱乃以觀之夫子賜何敢執方人之術睥睨公卿之間而置品量于其前哉而夫子自見其為夫子（高雅溫出大家來）也蓋以人之所云知夫子而彼猶有難照之隱而以夫子之所云觀夫子則內外自無難遁之也夫子亦自道其真耳言為身之文而亦為心之聲乃以觀之夫子所云賜何敢存苛刻之見鄙（更靈妙）薄閒闊之門而肆輕重于其間哉而夫子之云自見其為夫子也

蓋以夫子之所行觀夫子而名之猶有相隔之端而以夫子之所云觀夫子則隱微自有昭揭之也夫子亦自不沒其寔耳假令（扣住不落）以夫子而得見宗廟百官之盛猶為門外之云人將共指為求詳何也明知聖而猶為是云則子自夫子而云自云也不相合（之字跡）也而爾何不合也所云正夫子之云也賜不為所云寬而何不為（筆徑剪耍）夫子寬乎假令以夫子而不得見宗廟百官之盛而飾為門內之（篇八是也實一篇連進出）云賜亦指為虛譽何也不知聖而故為是云則夫子之所造如彼而所云乃如此也又不相孚也而爾其信然也夫子確為夫子之云也賜既為夫子諒而又何不[illegible]所云諒乎不亦宜乎不亦宜乎

說壞夫子消息直走邯鄲矣以止不止幾廻翔乃使彀中之字湧現毫端似此白戰却不是骨腔子得力應從太乙山房来

郭曉昇

夫子坐得煞之字便逼得醒履舄逍如康衢縱送往来奇情酣肆何必其盤馬彎弓惜不發乃將軍所以爲巧

天右揚

對針毀語逆折而入
靈醒非常
二比跟上節陪入一
從夫子順煞云字一
從云字倒煞夫子回

夫子之云
葉有聲

以大夫而言聖亦別之為大夫之言矣夫言聖何容易而云自武叔則亦成其為武叔之云已耳且人知以從說為對針出筆輕決　差本作倚以中致復以言高下人而不知言之自呈其高下故賢於仲尼出改之之言賜竊訝以為仰尼也而何得此云也云中尼也而何得為此云也然復念之誰為此云者夫子也得倒繫本題既醒下文又截得住宗廟者云宗廟得百官者云百官而得之為夫子者則亦云之為夫子如以為夫子也不問而知其有是

環轉換尚在題前一層

二比夫子起云字止

如題順說

二比云字起夫子止

全用倒說此四比方

是題之正面而有前

虛後實之分 夫言

云矣見為美者有美之云見為富者有富之云而見（句法倒換）

之為夫子者則亦有夫子之云如以為是云也不問（語清雋）

而知其為夫子矣夫子似非一無所解者而有夫子（定須一影）

之解遂成其為夫子之言夫子似或確有所評者而

即夫子之評益信其出于夫子之口此一云也夫子（妙）

縱未言時賜亦逆料其如是而云之果如是也則其（機鋒俊絕之字灑出）

衛仲尼也似不肖而於夫子則甚自肖矣此一云也（更妙得此襯托意方濃厚）

縱非出自夫子賜以為必夫子之輩而云之果夫子

夫子之云（論語）　葉有聲

非出二意又後股翻
進一層之法
二比又將夫子云字
一倒一順作對束與
起比又各為順逆股
法屢變而仍秩然也
結句與小講又各一
倒一順首尾相配成
章法

封略假借其不妨宜字亦已昭然
也則其擬賜也似不類而於夫子則甚自類矣蓋愚
者之自信其心甚於智者之自信其心誰必有見而
他上文以證來脉
云無所見而不云而吾惡禁乎夫子顛憑背之自還
見字浮字分應起比
其素亦猶智者之自還其素既以得門而豈猶是夫
帝法不亂
方畢全
子不得門而豈不衣鉢夫子而吾因別之為夫子之
賺已落下矣仍就本句作轉換通體一綫
云吁不為夫子其無是云矣乎
作小題全要將題字折得開調得轉如此文把夫
子字云字順逆分合便自鬆靈圓活木強者亟宜

初學小題別文鈔　夫子　華川書屋

鑄金事之。拆開調持繞折得一之字出凡有虛字須跌醒者只此一法。處處有一宜字在言下而一絲不走只是熟于本句盤旋之法耳許際斯

夫子之道　二句

熊伯龍

聖道盡於忠恕、大賢知其深也、夫惟易視忠恕、而不一之說始出、以此明道、非真知力行者能乎、且理之各足者足乎斯人之心而已、故聖不可及、以其心能普入乎萬物之心也、而學可為聖、以其心亦各載一聖人之心也、參乃知夫子之道焉、該事物以求道、無論其難得也、即得之亦貴事物甚煩而不一矣、吾自有與化不息

語已透宗

用指

照語獨起顯而

與物各正者何道乎、執學問以求道、無論其不合也、即合之亦覺學問日紛而難一矣、吾自有蓄而至實、為而不有者何道乎、蓋道有體亦有用、謂之忠而恕以此出、謂之恕而忠以此行、夫子之道

熊無明了

（起句便挽出而已矣三字神理）

不外是矣彼有真有妄者情識之參差耳乃夫子察乎無妄之實

（此語理為文名論層見出妙在皴之）

而適得其所以為心焉吾之心本無弗備則道何所資乎千聖百

（提）

王吾之心既無弗備則道又何所賜乎天地民物夫豈有殊事歟

（東補）

抑有善有不善者皆忿之險阻耳乃夫子復其不善之動而克純

乎所以為心焉無一欲無慾則道在而一人之剛柔正無雜斯無

（醇而後驟之文）

間則道在而一世之中和立夫豈有餘事歟凡求道者以人遇之

（諸）

則倫以天遇之則全忠恕者本天之道也喜怒哀樂從其初禮樂

（切實不流影響）

刑賞達乎順吾夫子則舉一生之應感盡于其中而在天地亦範

圍于無遺也抑求道者以才統之則隘以性統之則大忠恕者率

夫子之墻　一節

聖不易窺而亦取譬於墻焉夫惟其宮之廣故覺其墻之高也而何從見之幸也有其門可入也而其如不得其門何哉且以天下不嘗有之境而苟有涉于其途者必能出以告人曰其中之所有如此也又其中之所有如此也方且津津然而形容彷彿之不已而外此雖有可觀之境必且置之而以為不足數若是者[illegible]間[illegible]有所見也如叔孫者僅能見賜已耳賜之墻不必再問矣然所為美焉亦無所為宮焉環堵之隆尚憾廓而已為淺識者之所羨此而擬於高明之宅則陋矣即見賜者不必得其門而入也哉

也為美焉或見以為富焉窮巷之人忽有意焉餘而遂為行道者然能幽盡之所指以此而擬于多藏之子則愧矣賜試得以夫子之牆為子言之牆所以稱乎宮也而夫子之宮宗廟則巍巍也百官則濟濟也而牆安得不數仞也牆所以藏乎宮也而夫子之宮其宗廟雖邃見也其百官雖邃見也而門安可不得也今夫境之絕者必于不必鋪張宗廟其深不于其淺深則不可至也使人人而得入焉則其中已可知百官只寫上二句便得神矣請之至者必于其藏不于其顯藏則不可窺也使其門而人人可得焉則其牆亦可知矣在夫子非故高其牆也牆之高宮為之也夫子亦非阻人之入也人之不入以不得其門故也是故行其

門者則不能爲之隔也彼處于墻之外者方共爲擬議而已見之歷止矣不得其門而入者止見墻不見門也彼趨乎門内者方共爲驚歎而此則雖語之不肖矣蓋夫子之道積矣不爲世俗之目而遷以就之也故自常人視之一似無所有者其無所有者乃其所以無所不有者也彼見聖於墻者夫何人乎且夫子之道平易亦爲入門之難而常開以誘之也故自常人視之一若有可及者其有可及者乃其所以莫之有及者也彼窺墻而走者不已多乎乃叔孫也以墻外之人而欲爲門内之言則亦終不得其門而已矣

疏影橫斜水清淺。於此文神境。伍楚軒

語語對照前後。文絕不犯手粘微析妙。經營妥至。恐讀之者亦不能窺見當有副本乙

夫子之牆　升也

江蘇崔宗師歲入吳縣學二名　王銑

峻德不易見巍乎弗可及已夫非以墻之數仞絕人但門外者始終自絕耳子貢而亦類武叔之不見也豈未見天之不可階升乎嘗思高者難攀至聖人止矣而聖人初不必人之推而高之則以（巔際攀緣）所處之境地令見之者差數自明不能令人知皆亦瞻望弗及耳故天下之以意為軒輊等於豐蔀而不覿也亦未知聖人之峻極者固不在尋常意計間如室家而止及肩之墻此不待歷階而升（落句神動）無弗窺見其好者而武叔顧云賢于仲尼噫是直不知夫子之墻矣不知夫子之墻之數仞云夫此數仞也豈淺露者所可及哉內

偪不足則思峻於外而毋慮外衛有餘亦欲明其內而不得崇墉之非短垣也百堵之非四壁也美若宗廟富若百官靡不藏此數仞之中此毋論不入其門者之無可見即得門而入者固終無可踰焉使數仞而果可以踰則仲尼亦猶夫他人之賢耳仲尼而猶他人之賢則仲尼之得而踰也不過與邱陵等豈知浮雲之不足翳日月也哉彼敢出一言以毀聖者直自絕于門墻也於夫子乎何傷且夫自絕于門墻者不獨一叔孫武叔也即如子禽之推子貢幾與賢于仲尼之說相翕附嗟乎以得其門者之寡宜無怪見子貢不見夫子獨怪亢居聖門久而言之不知若是亦曾念我

群鯨貫鐵索

挽甚

字〻跳脫筆〻陡峻入神之境

古文段落

淪漪自生

夫子之牆　升也（論語）　王銚

夫子不惟賢之不得即及之而奚可也哉今夫天昭昭在上象近而位遠亦形離而迹絕矯首無跂足之處奚自誕登憑虛絕援引之途何由攀躋其不可升也不可階也而謂夫子猶是乎不猶是乎則謂夫子可踰乎不可踰乎此子貢引不見者而使見於以麾武叔于門牆之外亦將進子禽于門墻之中也

寄線綿針　原評

搭題以串插見巧施之是題則扭捏入凝矣借喻指迷何可着一痕迹語心靈手敏落紙欲飛絕迹耶無行地耶　吳在揚

靈機洸瀁一片神行如神龍舒捲絳霄令人莫測其變化高自柏

夫子之牆　一節

乾隆甲寅浙江　王　曇　十八名

聖德如法宮不入門者無所見也、蓋牆有高卑、斯宮有廣狹、魯宗廟百官之美、而責不入門者之得見哉、且夫觀海難而遊聖人之門者尤難、廿天子五門而孔氏之門以道尊、諸侯三門而孔氏之門以德大、語其尊而干聖降矣、語其大而與王臨矣、古今來山俎豆泗水冠裳、藉非居門下號門人者無足覘素王之門、身曰賜牆及肩、而室家之好可窺、非有庫門可當皋、雉門可當應也、非有闈門容扃三个、路門不容車五乘也、更非有疏屏山藻康圭崇坫作廟翼翼也、更非有司士司儀三槐九棘百官濟濟也、言美不美

（小講單抱門牆一氣灑得珠華亦棱棱有氣）

（三字欠穩）

（驚蛇走虺勢入戶驟雨旋風聲）

（明堂）

（又陣排宕似之）

新科墨卷雅正 論

也言富不富也賜用是憮然於夫子之牆之以仍十一具體之光輝何盡文章性道門外豈有傳人則望牆而却避者有之宮隅七雉闕阿五雉問有入焉者乎仰樹立於垣墉而仁孝可以見祭統之（方是夫子之宗廟）經涂大可以見明堂之位酬知之匡濟何窮農穀兵刑用句皆堪（百官）從疏則巡牆而竊窺者有之總章大个元堂少个問有入焉者乎仰宏猷於閣閒而儒行可以見周官之典鄉黨可以見王制之書見宗廟焉見百官焉皆牆內所蓄而門之可通者也柰何有不見稽柰何有不得入門而不見者聖人以一身建百世之業而非有（首句不善）涯岸也憲章祖述夫豈必與合宮太室爭道義之墉而仰其崇者

傷其庳矣定禮樂者一門序詩書者一門贊易修春秋者又一門

方以今夫子之門

而不入不知也閫之美而不見也閫之富而不見也寢如可晝徒

挦窄我之牆云可負居空陋顏回之巷其替不已甚歟一聖人以一

收合二不見二字

人教三代之英而更無涯際也成德達財夫豈必與夏屋靈臺競

規模之廣而眩其高者恥其下矣分德行者一門分文學者一門

望對妙在自占地步

分言語政事者又一門而不入不知也語以宗廟而無夫也語以

五六霞尚滿矣

百官而無見也七十子之弦歌未許孺悲入戶三千人之冠佩僅

聞仲路升堂其朦尚可發歟若是者智見謂之智仁見謂之仁而

不入者面牆而立於山見嶽之高於水見河之大亦不得其門而

新科墨卷雅正　論語

入者循牆而趨書曰凡民未見聖若弗克見既見聖亦不克由聖其不入門者之謂乎叔孫氏之牆吾知其糞土矣

鴻文無範恣于川難其有物　原評

講下承上將題中字面一一挈出若網在綱如肉貫串下更勢如破竹此文家爭上游法宗廟百官自屬餘言他手竟實寫矣廟若何百官若何太落色相矣看此文跳脫不粘滯之妙題珠在門字搖定此字縱之橫之無所不可矣後二比烘雲托月尤覺盡態極妍　陸藻周

夫子之　王

夫子之牆　一節　王曇

聖德如法宮，不入門者無所見也。蓋牆有高卑，斯宮有廣狹，曾宗廟百官之美富，而責不入門者之得見也！且夫觀海難而遊聖人之門者尤難也。天子五門，而孔氏之門以進覽；諸侯三門，而[illegible]之門以德大。語其尊而千聖降矣，言其大而[illegible]百[illegible]溢矣。藉非下號門人者，無從覘素王堂奥也。賜牆及肩，而室家之[illegible]窺，非有庫門可當皋、雉門可當應也，非有闕門容府三个、路寢究[illegible]乘車之五个也，更非有跡异山藻、康崇坫、鏤簋與也，更非有同士同儀、三槐九棘、百官濟濟也。言美不美也，言富不富也，聖用

（門字筆有奇氣）
（驚心動魄走勢，驟雨旋風，書之排宕以之）
（由）

墨卷菁華　析老

昰恍然於夫子之牆之數仞也。大率性道門外，豈有傳人，則當一牆
而斯避者有之。宮隅七雉，門阿五雉，閣有入焉者乎。仰樹立於垣
墉而行者，可以見（夫子宗廟有官）祭綏之經，正太可以見明堂之位，禮樂以之宅
內者，堪從政則循牆而窺議者有之。總章左个，元堂个八
焉者乎。仰宏猷於閶闔而僾佇，可以見周官六典，鄉黨書之
制之書。見宗廟焉，見百官焉，皆牆內所存，而門之可通者
有不得入門而不見者。聖人以一身建百世之業，而非有群崇
憲章祖述，夫豈必與合宮太室（不脫具列）爭道載之墉，而仰其崇者傷其庳
身定禮樂者一門，序詩書者一門，贊易修春秋者又一門，而不入

宥知也問之美而不見也問之富而不見也寢如可畫徘徊宰我
也牆出豈能忘空洞顏回之巷其轍不已甚也聖人以一人之
三代之英乎無涯涘也成德達材夫豈必夏屋靈臺號
之壯而瞭其高者恥其下乎分德行者一門分文學者一門
語政事者又一門而不入不得也古以宗廟百官見也語以
而無見也七十子之絃歌未許儼然入內三千人之別
路升堂其瞻尚可發然若定者智見謂之智仁見謂之仁
者不免面牆而立於山見嶽之高於水見河之大而不入者惟是
循牆而趨書曰凡民未見聖若弗克見既見聖亦不克由聖其不

墨卷百篇

入門者之謂乎柳派氏之識吾知其難也矣

綺麗以艷說藻飾以辨雕文辭之爱于斯極矣

夫子之牆　一節　　大名王武錫

聖人不可窺而見、以窺之終于不見也、蓋見而可由于窺、固無憾于不得其门矣、美富若此、而謂宗廟百官可于數仞外窺而見耶、且夫天下事及之後知。苟沾沾曰前固未可真極大觀于宇宙也（清空之氣）、聖人本于人以可見而人人徒自窮于窺、聖人亦不禁人以能窺而人終自窮于見見所不到之處、寔備古今未見之奇、此中人語云不足為外人道也、窺見室家之好、以賜之牆及肩也、而遂因此妄窺夫子可乎、極盛之規模、雖至神不能盡發所藏而出之顯、親歷焉而驚嘆欲絕、安知聞者不嘩然以為妄也（筆力高人）、宏其內則呈于外者自崇鄙而豐焉夫子無如何也而未歷之境地雖智者不能遽斷以聽而擴為真微鄙焉而擬議徒勞安知當局不啞然以為陋也峻其外則蘊于中者益容限而艮焉夫子無如何也夫子之墻藩數仞也賜也幸遊夫子之門見夫詩書礼樂之華函丈備于秋之盛政事文學之選吾徒皆二三子之英每當抗愫盛時周天子坐明堂合萬国一人端拱于上百僚肅恭于下未嘗不嘆羨其美而謂當有天下者、又抑自念既見夫子而瑚璉昭法物之垂結駟表名卿之望又憾向者不得其門亦惟此數仞者蔽我寔甚爾且子大夫不嘗礼于宗廟乎一旦嘗君入廟告虔命瑞有典尊彝有司子大夫當在駿奔之列不當備位于百官乎宰夫正位同士糾儀子大夫又當居槐棘之班當是時入庫門而趨蹌入雉門而颺蹈仰魏象之尊崇嘆美富于莫及賜設以不見為憾度未必不以不得其門為賜惜而又何疑夫子也然後知夫子不容窺而見矣礼門義路聖域原非高其閈閎而徘徊于出道焉不可也嘗有縉紳先生述王朝文物之盛小儒皆侈為美談凡入焉者固見之慣耳則不見誠非數仍為之累焉已而益知夫子正不待窺而見矣入室升堂大道亦豈別闢其奧窔而躑躅于岐途焉不見也嘗观小臣新進幸及國家典礼之行先事方不勝悚息凡入焉

筆〻指〻之神

者固見之切耳則不見。轉若數仍為之距焉已而孰是得其門者而孰是從門間窺者。

跟上窺字重抳門字氣清力厚語妙更不待言 原評

筆力清雄神理醒透能援奇于庶子春華而外

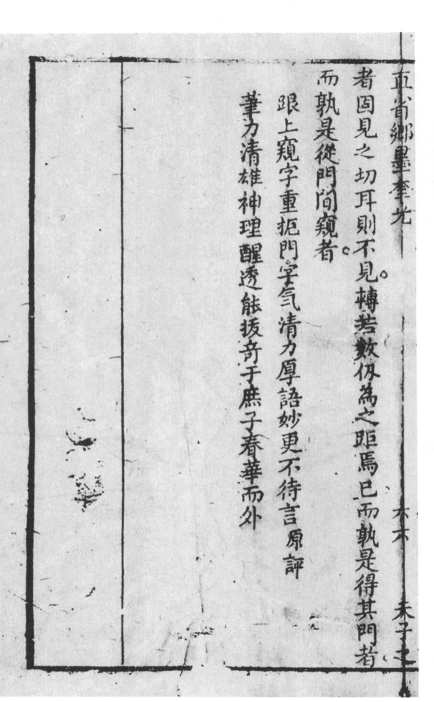

夫子之牆　一節　　十一名　石城

聖道不易窺賢若為大夫炫焉蓋夫子非欲以數仞之牆自秘也而宗廟百官非得其門而入者不見焉賜誠善言聖道哉且夫世有聖人而或以淺見求之即覿面間不相識矣是故有卓絕一世之規模而博觀其外仰之而彌高也有牢籠百態之蘊蓄而打于中索之而彌堅也蓋其昧于所從入之途抑已久矣及有可窺賜之牆耳而豈夫子之牆哉一境也而苟煩層累而加則雖有以積之功而莫臻其極矣則非層累之加矣從而美以驗外觀尚何得尺得寸之可得而擬一境也而苟可攀躋以及則雖有崇隆之

象而未窺其藏亦則絕攀躋之緣矣本日新而微富有又豈亦遊
亦步之可得而名賜窺見夫牆之數仞而有以見夫子也使于此
而深察夫此巍然者墻也非夫子也必將神往于墻之中而循跡
以進周覽夫車服礼器之全政事文學之選而斯文在茲之故無
同公孫朝
雖自學而存苟于此而寄意夫闇步墻也即夫子也遂
于墻之下而按跡以求同識夫禘灌精徵之旨英才樂育之真
孰視無睹之餘安望心知其意夫不有宗廟之美百官之富乎而
何以不見也則惟不得其門而入故也然而夫子非故以數仞之
墻自衛也天下中之所藏即視乎外之所積以夫子抱道在躬其

不欲以墻自見也明矣乃門以內非峻其防門以外若豈其蔽
溯時流剖闈牆自然
夫道無奧賾而若者曾孫之主鬯者天子之負扆數仞中有是
積而流爲而治幽治明之脩即可從造門請謁之日如覿其全帛
宗廟百官而不恐與墻準也哉然而數仞之牆未始不誤我夫子
矣天下情之所注必由於途之所經以夫子大道爲公其亦一世
牆自脩也亦明矣乃牆以內非闈門而不內牆以外若起履而竟
由想夫道無不脩而若著爲七世之觀德若者爲百辟之儀型數
仞中固有默為喻爲而禮明樂脩之体要喈穆面墻而立之人使
觀其處彼宗廟百官不幾盡爲墻掩也哉甚矣聖道之難窺而不

直省鄉墨奎光

李人

入門若不之見也，又何疑于夫子之云乎。

清氣得來，雅文從字順，圓轉如珠。原評

獨從正義發揮，所謂清水出芙蓉，天然去雕琢也。通體皆圓，

與熟工夫，自不可及

夫子之牆數仞

浙江竇宗師歲覆
嘉興府學三名 朱履泰

即外象以擬聖人、置乎獨絶矣、夫子非賜比也、則子之牆必非及肩比也、覌于數仞、不可驗其高乎、今夫抱高深之道德而超越古今、舉目間皆巍峩之象也、曷嘗有所規模而成之哉、蓋功立于崇斯窺覬其奐而業積乎久、亦度菁其宏絶儕俗以攀援之路、即懸吾黨以層累之階、彼擬議之失真者、亦未離乎面牆之見也、已窺見室家賜之牆也、非所論于夫子則試進而覘泗水之樹、基仰尼山之植、軫為吾道衛、屏藩博厚高明參神功于大造、則望闕里以遙踪、覺廣居正位之餘、自呈標準、為聖教樹干城、禮明樂備擬金量于百王則登杏壇而躋躅聖域賢關之表更示崇隆矣夫子不有夫子之牆乎識囿于偏隅耳目何由而廣若夫子卓爾不群實為耳目所獨闢智同于推測瞻仰何自而神若夫子岈然自異自為瞻仰所難窮則不知夫子寧不視夫子數仞之牆乎境必視其所絶苟指一境以為步趨之難獵而或循有他境之可從則境之所絶仍是境之所通乃自夫子之牆等而下之尚多尋丈之有虧自夫子之牆等而上之別無分刋之可益則以是為勝境即以是遂為盡境也而高瞻遐矚有還識為數仞而已例必觀其所極苟執一例以為積累之莫及而或尚有他例之可援則例之所起未

心思起　筆力　數仞有此刻刻自然不得　而入　語妙

即例之所極乃舉夫子之牆虛為之擬結意想于寤寐之中舉夫子之牆實為之按憑象貌于观聽之下則以是為成例即以是自為一例也而渺慮凝思有默揣為數仞而已蓋凡物之功惟憑藉而後成（針對武叔）夫子之牆若天縱焉其由下而加上實則上而愈上也于棄瀉者立其崖岸究于望道者予以攀躋故覽德輝矣（階華亦洲）日月可方而論崇高矣垣墻可似又何必深疑于夫子哉而吾人之學惟積漸而始大夫子之牆有神力焉其由凡而入超實則超而益超也（文亦超超甚）于異己者峻其防維究于知我者嘆為观止故勵景行矣高山是望而表心儀矣屏翰可覘又何必遏抑我夫子哉呼世之渺視聖

人者亦未得入其門而覩其義富耳。

刻題不入癡呆。最得智足知聖人語妙。李健林

惟宮廣故墻高墻高自然遮却裏面美富撩得下文消息華窩

本題意義清超雋妙足令人尋味無窮。鳴初

夫子之　未

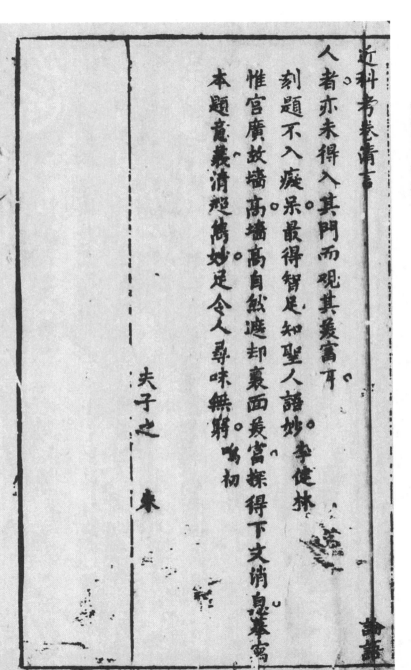

夫子之墻　一節　　李祖惠

固高而廣者雖窺非得而入焉不可也盡未有數仭之墻其中不美且富者然不得可入之門何由見宗廟百官之盛賜真善言我夫子也意謂吾黨幸附聖門相與親琴瑟鐘鼓嘆天下之文章盡是乃習之既久遂忘其得見所由謂於斯者有目皆可睹焉亦未爲善言夫子也室家之好亦好耳非美與富也有自廟朝來者曾卽托乎衆班亦追陪乎盛事此尚足當一盼哉雖然窺玆室家猶有墻焉以自蔽也稱此爲言猶躋於室家之好卽不止爲及肩之墻而賜固以知夫子夫子數牖之意殷矣墻立而蘊蓄以深者光

賦○比○說○墻○偷○以○門○主○

亭未睹闢以門爲隱爲天下豪俊遵之路也夫其踴躍來游得於

非○也○竊○門○却○以○牆○主

斯賓而進之而夫子憑依之勢厚矣門在而接納以親者體勢未

崇鐃以墻爲隱爲斯世磨俗遠其氣也夫其逶迤窺伺得於斯面

項上一比俱墻○是提入美富

而想之而正非徒作宏規其中實無甚奇異也有其墻試問其墻

內所有者瑰瑛之珍球圖之燦翚飛之華激景而納光謀謨之宅

著作之庭髦士宗匠交錯而措笏俯仰其間等尋常都邑之城壘

又項出比從美○富倒提出

筮之容乎夫且美以宗廟富以百官而正非儲蓄神異其外轉來

歎詠墻○又項爾○去門一比

覺崇閎也有其門試問其門之所托者惟藩惟垣爲屏爲翰巍巍

闔閭藏日而連雲以築以削以登以憑隱隱鉤陳動心而駭目睇

況其旁窺尋常雉堞之峻烽櫓之勁乎美且計似猶當以數是知

發、清、宕、出、見、字、

夫子之不薄人以見而亦不輕與人以見此道德惟無可舉示斯

入窺其淺深焉而我則愧矣若乃樹中天之華闕列萬户之星龕

仍頓中出此墻

此何懼天下之我量必深自歛抑乎即不得已有墻僅以拱穆皇

之體非爲是嚴絕者令禁蹕以無從也設有入其門者我知其[illegible]

心以去已頓精華而來通宇宙斯洞觀其底蘊焉亦莫之禁奧者

乃先王同度離於萬國在廷和帶爲於一人此自闢造物之菁英

仍頓中對此門

而疑無所護乎即不得已有門止以俟嚴正之規非爲是洞達者

收出全面斯禁使止

令傾聽而即是也設有不得其門者我知其循墻而走已一賜窺思

虹橋制義

之○得其門者或寡矣○

中後六比○兩意到底、而互為剔換、題中絲爛○組織其間○似此結

構○在姚江當亦偶以無意得之○調右序師

論語

夫子之墻數仞

呂葆中　無黨

有嚴有翼聖人之所以自藏也夫使墻不數仞則且無以藏夫子異（恰妙）（便浮解[illegible]他文則是所以自表矣）哉其所以自藏也乃其所自為也且夫子之異於人者豈止尋常之閎哉然而世之人終莫知夫子者予誠不解其何故也及觀於卑卑者之無足取而世之人咸相與歎美不置焉而後知賜之所以獲譽者其過但在世人夫子之所以貽譏者其故仍在夫子耳一如窺見室家之好者豈不以其及肩之墻耶然則賜非不慕乎深藏也而中之（借上）（交反切二文其意已透）所藏者無幾則外之所示亦不厚雖欲於度數之間益尋丈焉而必有所不能矣然則賜非不樂為峻絶也而內之所蓄者有限則外之

所衛亦不嚴雖欲於分量之際增兜尺焉而亦有所不必矣而長〻
則何如耶夫子則所為數仞之墻者也有夫子即不能無夫子之墻
以夫子而為墻即不能不數仞數仞者夫子之所自定也不以世人
此意好人自不得其門耳聖人未嘗故意為高
而為之有所加也然而世之人已竊竊焉議夫子於藩籬之間雖夫
從何得以窺處不入不見已生言下
子未嘗不嗑然自笑曰吾適以是為累而已矣蓋無如其墻之數仞
何矣抑非夫子之墻不足以容夫子而非數仞亦不足以為夫子之
墻數仞者夫子之所素立也亦不以世人而為之有所損也然而世
逼真莊子
之人又譙譙焉論夫子於會絫之下雖夫子未嘗不莞爾自朝曰吾
妙于錯虛
秪以此自窮而已矣又無如其數仞之墻何矣然則夫子有數仞之

紀思至此豈此仞乎子絕倒

墻而天下特無數仞之肩故也如有數仞之肩則惟以數仞為及肩

必須求具門矣緣也

亦可也而無如天下之必不能有是肩也則天下之肩目以卑而夫子之墻日以高矣可奈何然則夫子有數仞之墻而天下自以為有數仞之肩故也如果有數仞之肩則雖以及肩為數仞亦宜也而無如夫子之終不知有是肩也則天下之肩日思出乎數仞之上而夫子之墻益深錮於數仞之下矣可奈何吁使不得其門而入焉則何怪乎議聖人者之紛然也。

刊洗浮華獨標玄雋取江左諸賢競談無不失其麈尾安得不於碧紗帳中特置一席 原評

及肩數仞秖爭易見不易見耳非較墻之高卑也若即較墻之高卑則武叔又何不見之有總要過起不得其門而入六字一粘墻說便成隔壁原稿後二比尚有隱觀二義頗為見者所喜細思亦點着今刪之　自記

夫子之墻　四句　　胡友信

賜者即喻聖者而極狀之其不易見可知矣蓋墻高數仞中有宗廟百官夫子之宮墻可知矣此子貢之善喻而又善狀之也欲想其在以為夫子之道固探之而不得其藴亦窺之而難盡其形者也姑以人之易曉者而言之賜嘗有得于彷彿矣蓋夫子之墻雖但如易之及肩而已勢窮于天縱之域而力不虧于一貫形勝于技又之餘功已充于數仞巍然峻極若在舉目之前然仰而觀之則亦一分限也而非跂足之所能援峙然上峙若在六觀之地然企而望之□者地位也而非迎矣

然及其故□□其門而入上中有清廟明堂

矣哉輪焉美哉奐焉者　故子曰、若不得少見其俎豆之時玉帛之設對越駿奔之景象盡為天下之絕域也、已不得其門而入則中有朝廷位著濟濟如也蹌蹌如也而輝煌于宇宙者、得以見若其間冠裳之色佩玉之聲升降揖遜之威儀盡為世人之所窺覩已雖美在夫子門墻之內則美在其中夫子一人之美也人闚數以共美之也富在夫子門墻之內則富不外見夫子一人之富也人固難以共富之也此武叔之所以輕議也美富是墻以內者窺聖道者必有門如類之愚參之魯[illegible]門墻不到臥由不果之達者亦不易得也　喬若求

夫子之牆數　之富　梅之珩

人不嘗見聖人本不易見也夫以數仞之牆而不得其門而入焉雖有美且富者孰從而見之哉子貢曉武叔曰賜不欲曰從夫子遊竊謂天下之大觀盡於此矣顧向亦未嘗不惝怳於其外而久而親炙焉乃模其中之炫且耀者誠不能出而示我也豈若賜之牆窺見室家之好哉（取美富意起）夫人目之所習久而易厭苟閱一異境焉則往往以不及見為可惜而詎知欲見者之不概可遽見也抑人目之所經疑者亦（總見字精采）信苟更設一異境焉則往往孰所見以為側而詎知不見者之更多于所已見也今有美如宗廟富如百官而不顧一見者乎然而有不

見者門有以限之也其不入門而遂不見者墻有以蔽之也今夫子

清洗

之墻奚啻數仞哉而不得其門而入者尚何所見哉天之生聖人也

必將使天下皆見為聖人也欲天下皆見為聖人而神聖之精華乃

是對武叔語氣菁華在

輕洩于庸夫之目則所以位置聖人者亦不高是故隱閟之以門而

首二句

顯峻之以墻若曰苟有循墻而求者則其門固自寬然也宗廟之美

百官之富亦足厭爾目矣而不然者則亦受障於天已矣聖之在天

下也非必欲天下皆見為聖人也欲天下皆見為聖人而德業之發

抒遂無復欲藏之地則聖人所以自處者亦已褻是故惟有所齊于

門之中愈無所暴於墻之外若曰苟非面墻而立者則咨門闚何才

在也宗廟之美百官之富亦久縱爾觀矣而不然者宜其閟閟於聖
已矣則有為之惜者謂高山仰止雖百世以下猶將從車服禮器以
想見其人奈何生幸同時而竟不及親覿也要無足惜也彼自不得
其門而入耳則又有為之咎者謂景行行止雖千里而遙猶必將循
塗守轍以漸臻其域奈何生與同國而竟不獲謦欬也要無足咎也
在上二句着筆
夫子之牆固自數仞也夫苟或得其門焉而豈復有夫子之云也
着眼正在上二句都繇一圖狀宗廟百官陳膺語涉其筆端此之
謂不俗。

夫子之牆　四句　　崇取商城一等一名黃度

聖人之不易測也，故爲罕譬以明之焉。夫子之美且富者，猶之乎宗廟百官猶也。苟不足以知之，止於宮牆外望耳。子貢故爲罕譬之也。回嘗以聖人宜無不可知也，而今思聖人則仍有不可知其可知者。震乎聖人之名者，天下莫不耳而目之。然苟欲考其德之所成，學之所擬，更淵淵乎予人以難量。此其故深言之不可，淺言之不能。詳斗以譬進彼叔孫，以賜擬乎子，乎如賜者何足道，且進觀我夫子矣乇。人皆觀目前之物，一旦驟見夫稍有異致者，輙以爲至矣，及引而置之奇珍之前，則又不覺其恍然失也。柳身經廣常之事，一旦忽過夫片長可掇者，遂以爲是矣。及以之較乎此實之堂，則入不覺其廢然

（挨又引勝氣清寄闊）

遠也是觀也賜嘗從事於駿奔趨蹌[illegible]見有所謂太廟
世室者焉不特犧尊彝象琥好是陳者非尋常所可擬即其黝堊丹
藏亦既不類人間也見有所謂掌治均邦者焉不特官聯宮衛鮮司
百職者濟濟其在列即其龍衮鷩冕殊令我肅然起敬矣猗歟休
哉是其為朝廟之美且富者乎雖然此從其中而見之者固未易
外人道也彼夫環顧其外有版築之巍巍者曰是牆也是數仞之牆
也乃畢然久之以為向非從諸君子後得門而入亦烏覩其美且富
何如此哉則吾夫子何以異此蓋德不極其至純人得而並之人即
得而窺之夫子之德純矣既聰明其天亶入聖域而能優是不啻球
圖則於左右而瑚璉簋十几筵也學不極其至全人可術而及之

即可得而測之夫子之學全於符乎莫能罄累世莫能窮是不容
收然其先後而原召爲其奔走也而特以淵然者其心穆然者其容
遂吾無所與于人爲雖以吾黨親炙其側備非静會其微亦不能知
其有然也吾得取譬而實指之同夫子之墻數仞不得其門而入不
見宗廟之美百官之富惜乎夫子未得百里之地而君之也使得而
君之將出其道德學問制禮樂於清廟明堂敷政教下[illegible]靈水火上
與天下共見之矣而無如其不然以此得見者之終于寡其人
批　風規峻整體製壽皇表中天之華闕豐烈山之[illegible]堂可以[illegible]
贈　黃

大升　下論　十七

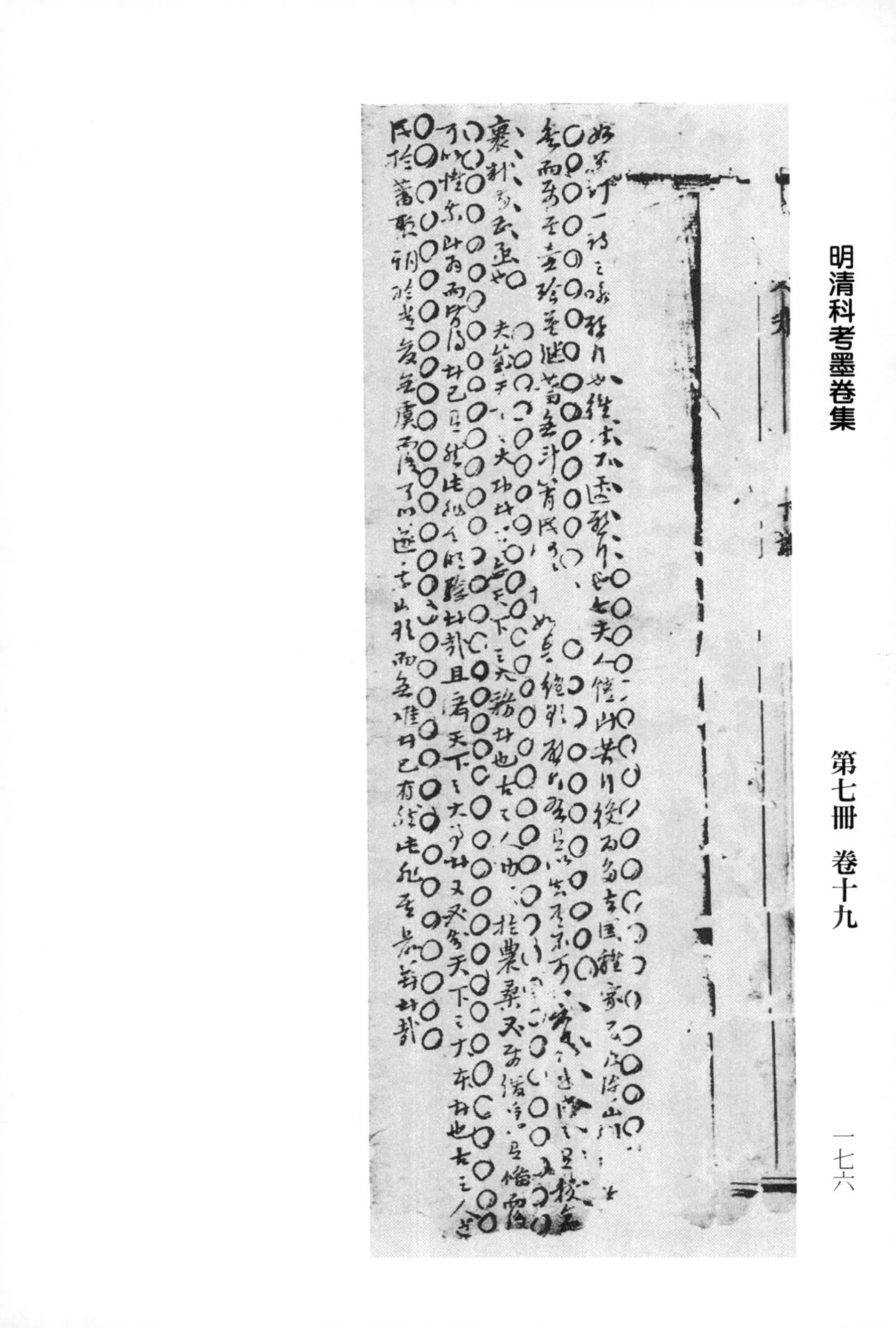

[illegible]

夫子之牆　一節

乾隆甲寅浙江　閔光淶　名十三

即易見者以喻聖之難見（天然開呂）因語於朝而頻證之也蓋宗廟百官在朝者共見其美富也然有數仞之牆蔽之不入則不見矣子貢因語於朝者以喻夫子且夫魯有聖人國之光也國之有朝（以朝）其（為限手入宗廟百官不覺其突）以外與社稷相對者為宗廟朝以內與槐棘並列者有百官也伉如其牆縱如此有位於朝者所易知也今因叔孫氏之通其例於在朝言朝而聖人之真可罕譬而喻矣室家之好下窺而見以牆之及肩故然此並以安簪華門圭竇之常非所語於清廟明堂（宗廟百官　跳寫子此處衛六泥○發不見意極變）之嘗也至若刮磨達鄉丹楹刻桷以及東序西序縣然皆禮樂之

○化虛實之妙

彩則宗廟之美是又若衮衣黻裳元端章甫以及三士羣吏嚴然

○句○味○出○不○得○其○門○句○用○

殷輔之良則百官之富矣雖然美者富者當必灼見而始得其詳

○逆　新○逗○恰○好○

又必入門而始真其見兮試語於朝曰爾見宗廟乎聞者必入曰吾

○廟○門○三○字○老○確○

入廟門矣見其美矣至語以夫子之所美亦有如宗廟中

入公門○三

何未之見也又試語於朝曰爾見百官乎聞者必曰吾入公門

○老○確○

見其富矣至語以夫子之所富亦有如百官者吾目中何未之見

○方折入首○句○六○欠○不○用○逆○

也其以為不見者何也門外有牆見牆而不見門也其不見門

內猶其不得門而入者也夫子之牆數仞矣謂藉繕完之固恃牆

以蔽其奇固不足彰夫子之盛德乃夫子非恃牆以拒人之見而

宗廟百官之存於牆內者。人能見之乎。向使觀遊其宇則垣墉雖

反○托○題○意○愈○醒

厚。何難目覩其光華。今乃宅於中者。深藏而不露。窺其戶者。裹足

而不前。牆禮樂於杳壇。其意境不在人想像間耳。謂懼閟藏之[illegible]

藉牆以匿其跡。更何足當夫子之大心。乃夫子非藉牆以絕人之

見而為美為富之隱於牆中者。何由見乎。夫以得侍其旁則明

總○證○酣○暢

雖高自可默覘。其縕蓄今乃比於外者。非等環堵自安之趾

者不啻畫牆而立。溯道源於闕里。其氣象祇在人企望時[illegible]

照○通○篇○前○意

夫所立之朝。固魯朝也。朝外有門路也。庫也。門外有牆則疏抒也。

三○合○挺○出○全○神○飛○舞

閟宮有恤。列采盈[illegible]。然幾見之。敢為告曰。不得其門而入。不見宗

夫子之牆　一節（論語）　閔光渼

新科墨卷雅正

廟之美百官之富也慎毋處牆外而好語於少也

看題得閒迴別恆蹊指點尤覺親切　原評

以朝字為引脈自是旁支然却有波趣通篇運實于虛宗廟之美百官之富縮入不見二字中尤得端木氏語妙

一路用逆工于取勢々逆而體自傾中後則屢點題仍復紐日節次誰謂墨卷不講紀律耶　何心賢

夫子之

閔

運合譬喻　緊扣本題　借鈎窺敲　領題高渾

夫子之牆數仞不得其門而入

史大宗師歲試取進　羅源縣學第　名　游開湧宜濬

極擬聖德之高，因有念於不得入焉。夫數仞之牆，其去及肩也遠甚。然牆高者門亦峻矣，不因有念於不得入乎。且夫子自設科而來，吾黨之日親門牆者，固已瞻仰之彌高，欲從末由矣。顧牆以道尊，自壯崇高之勢；門以德大，非等卑小之模。而門外徘徊，面墻而立者，正不妨作如是想也。如賜之牆及肩，窺見室家之好，是固不待入門而求，自可外牆而得者也。然而賜從事夫子之門有年矣，而以形容夫子之牆，果何如耶。以形勢之雄偉，非及肩者可與等

傳大崇閎
雅與題稱

隨手透發
下截妙在
上截已頻
挈門字

量而齊觀然適成為夫子之牆也豈有餘好之資闚大非短垣之踰初無庸得尺則尺得寸得寸而巍然錯峙在及門者疇不仰垣墉之高大觀廣遠之規模詎及肩者所得同日而共道然獨完為夫子之牆也屹立既樹其範圍矞皇用深其瞻仰自不必探之陝陝築之登登而岸然獨絕過其門者應共震體勢之巍峩擬以數仞其斯為夫子之牆巘夫牆高者則門亦峻可知也聖域賢關何嘗絕人以畔岸則宮牆伊邇豈可望而不可即乎抑知奉聖教者本無私焉春秋易象杳靄業有專門禮樂兵農吾黨無嫌別户牆以外既壯其觀瞻未可為欲入者導之路也升堂入室殊覺任

廿五

亦翻亦補

描寫不得入寬然有餘

人以率循則宮牆在即豈推而遠不引而近乎然而遊聖門者難為言耳聲而可見尚容師冕升階疾則必辭未許孺悲入戶門以外尚待於躊躇是亦不得入者艮其趾也賜於是即不得其門者懸而揣之且即不得其門而入者慮而按之業之峻其防閑之深企慕之思則躑躅牆下易若托足於門中而無如儼然在望不啻欲入而閉之門也宜乎循牆而走僅抱誕登無自之嗟既獨尊其瞻視祇殷仰望之懷則流連牆外不如置身於戶中而無向瞻之在前轉覺其格不相入也此亦望牆而趨恒深裹足不前之嘆蓋牆以衛宮乃不得門而入竟夫此數仞之牆其以宗廟百官之美

富謂可見乎抑不可見乎

賦得待問如撞鐘得鳴字五言六韻

有待諮諏及如鐘叩則鳴虛中憑請業發外聽揚聲妙觧引

堂索元音故府成從容資訪度響應肖神情遠近求聞遍晨

昏證道精禮經垂罕喻至理試推評

局緊機圓氣清筆達 原評

題語崇閎非小言所可描畫似此摹繪日月宜其冠軍拔萃

擢入宮牆 姻家弟黃良璧拜讀

氣度春容動中窾會 愚表侄黃建拜讀

廿六

夫子之牆　一節　乾隆甲寅浙江　蔣濟　八十一名

以牆之高者喻聖難語美富於不得門者矣蓋數仞之牆美焉之表也（蓋二句切）不得門不見於宗廟百官何損乎且夫天下有至峻之範圍則藏有象於無象而萬物不得擬其象焉自古懿爍之觀廟朝為備則夫陳鐘虡而列班聯者孰不以先覩為快民而一自闕無從遂阻於崇高莫測大聖入至德淵深可於此而得其象之牆及肩而窺見室家之好奈何以賜測夫子哉夫子者稱其宮之所有以為牆之量者也周官盡後屏翰之崇直與夫東西九筵南北七筵而均資扞蔽則畀基址而程土物將咫尺近邈若山河台好

（有千鈞之力）（若赤霞起光照崖谷）

仰垣墉之峻直周匝內有九室外有九室而其藉色容則定質表
而議崇卑將蘊藏之宏失之屏障擬以數仞亦何不可今夫事固
有錯美富之觀而足以焜燿于數仞之內者宗廟百官是也合者起
尚書言　旁評績卷袖之英華薈蹡奔目
三昭三穆之制隆凡所謂彝有虎蜼尊有犧象几有
蒲者無不參之於越棘大瑣之際又之於和鸞離磬之間而將詠
德揚要不可以戶外周旋空言禮器古者三槐九棘之儀辨凡所
謂一命受職再命受服三命受位四命受器者無不別之以夏篆
夏縵之殊辨之以幽衡葱衡之異而堂高廉遠更未容以陽垣帳
望安測威儀之不入不見雖夫子其如不得門者何哉謂有惜于牆
圓此曾好

聖人大道、叔孫氏自作門外淺耳

黻黼裦之盛而故以崇墉之閟者自藏其暉吉則其視夫子也過

拘夫黄琮蒼璧彝器寧必自私玉佩象環法物何容深祕乃黝堊

門○字○秀○觀○

之既勤者閉閣固已限之則遷延堭户原不同於東宮轅門壖宮

狹○足○闊○氣○勢○滔○含○

棘門而捭闔無由也譏牆面于寡聞何以致罍璣之圖而紀紘綖

右

之數謂自滿於球圖玉帛之隆而扺以重門之閉者概絕其唱垂日

則其視夫子也過淺夫溢邑泰蠹寶道原期共睹垂紳虞芴冠裳

亦著敦臨乃管鑰所不禁者啓閉實自昧之則躑躅循牆原不興

牆○宇○餘○波○

于宮隅七雉城隅九雉而俯仰自失也阻門庭而裹足奚以稽數

槃之度而詳藻繂之谷冀在其中而含章者可貞富有日新而積

中者宮室。夫子固無不可見。而特非不得其門者所能見也。其如此數仞之牆何哉。

此唐人着題詩也。宗廟是宗廟。百官是百官。美是美。富是富。字還他着落。不作浮光掠影之談。早開倡和。推李王担揚。以此高華名貴。何減前賢。

玩上譬之宮牆句。則此題照本面實做。固正格也。傾倒廩而出之。不嚮我言為煩。房評云。學富三餘。弸中彪外。信然。穎才世弟屈

夫子之　牆

夫子之牆數　四句

國子監吳少司成　劉齊
明課六堂一名

即宮牆以喻聖人，不予人以易見者也。夫牆而高數仞矣，則中之美且富者，非入其門，豈易見也。夫子何以異是。嘗謂人苟置身學問中，即其所就之卑且陋者，亦莫不各有挾持以為共見之具。要之事之可以共見者，非其至也。或者不察，乃欲執所共見以概其所未見。下已陳乎？異哉叔孫以賜加夫子也。夫賜之牆也，及肩室家之好，誠可窺而見耳。窺焉者，自其外而窺之也，自其外而窺之，則固亦嘗身入乎其宮矣。夫未嘗身入其宮而可悉見其所有者，以其所有無多，不待入焉而已盡也。而亦不非其偷也。且夫牆之故者，亦不欲

可窺也不欲示人可窺則人固當求其門而入之矣乃未得
已不啻入乎室者以其爲室甚淺雖不得其門而其藏固可測也而
夫子非其比也夫子之牆始數仞云中之蓄者愈彌則其衛之也益
峻夫子非欲故峻其防而諸之所造則既如此矣其衛之也益峻則
既屢換三股
中之蓄者愈藏夫子非欲故藏其有而人之所見則不如此矣是故
轉換
此數仞中有所爲宗廟之美焉禮樂之煌煌歟典物之燦燦歟若是
外從不一句倒折入不得其門向來可探新
乎其巨以麗也使恆人見之其驚且炫者當復何如然而業有數仞
除爲牆所
者爲之蔽矣欲從外而窺焉弗得矣此數仞中有所爲百官之富焉
才德之濟濟歟大小之秩秩歟與若是乎其弘以備也使恆人見之其

[illegible]直省考卷篋中集

嘆且羨者當復何如然而業有數仞者為之隔矣欲一窺而[illegible]焉無由矣則將謂夫子之絕人以可見而不然也彼自有門之可入焉徑窺而多之來始無途而其自處于門以外者人則為之雖聖人亦固無如何也則將咎斯人之不克見夫子而亦無庸也彼其牆誠非及肩者比來踐而及之原未易ゝ而人之不足與入乎此者分寔任然要亦不必為斯人咎也今而知夫子之難量矣今而知夫子之與吾人益未可得量觀矣人即欲深倚發匿以窺為數仞之牆而觀入其中者有以窺其無所有也則仍與及肩者無以殊也然人亦有負其學問謂可得于宗廟之美百官之富而未入其中者且一

原批此意更好無人然道

顛手快文

窺其蘊也。則與夫子之美。且富者。益難以同日語也。彼乃以子耶。彼誠不得其門而入者。而吾於此又何誅焉。

股法層遞轉換處。深得先輩三昧。故渾浩流轉乃爾。　原批

先輩行文。由淺入深。次第不苟。逆來順往。婉轉相生。是以意思層層間發。無首尾外錯之弊。今人不知講貫。先條後章。雜然淩奪。而篇法股法俱亡矣。持此種文以為之準的。庶有豸乎。

朱子之　劍

夫子之　句

戴文熾

美富中藏牆宇之矣蓋有数仞之牆為之蔽宗廟之美百官之富
非得門而入何由見夫子乎若曰良賈深藏若虛聖人盛德容貌
若愚豈絕人闚覦哉其之大其門牆自峻耳如牆卑室邇其好立
見維時艷暘者或遂喟然曰美哉夏瑚商璉何輝煌乃爾耶乃駐
足已覩大象詎待入其門哉又穆然曰富哉結駟連然修
晰耶甫凝眸一覽無餘焉用得其門而入二所見者也可云給乎
其中富以其鄰自生哉以參也　夫子耶淺見持序百與論充一
實之謂美々々而有素不　一　美夫子之

富耶而獨不見夫孟浮者來下……郎……見直欄者
檻珠其箔而瓊其樓丹而獨一見飛鴻尊彝並其壘而[illegible]贊耶
之美者逡巡兩廡之間始獲於其面目曰觀止矣向誇……者
乃今而知天下之美之有宗廟也吾長見笑于大方……家
見峩冠委珮歌魚麗而賦鹿鳴耶而獨不見縉笏垂紳分鵷行而
列雁序耶而獨不見旌旆輻輳趨鳳闕而覲龍光耶言富者側目
三英之粲始獲拓其心胸曰吁都哉最美千金之子乃今而知天
下之富之有百官也吾悔妄度以小人之腹此所謂夫子也然皆
在牆以內者……乎……抑以性天[illegible]基址以忠恕為垣墉以訓[illegible]

賁脩增壁　百雉崇墉嚮似宏義路自以禮門顧大
之門有德行律閈閎有言語司筦鑰有政事文學駐幨帷鎬闈
于九天翔步其門疇升堂復誰入室故得門而入若者美若者富
皆得而見得則俱得也入而不得其門孰為宗廟孰為百官得
見為難不得又兩不得也彼望門投止者僅循墻而走可與論夫
子哉

風簷寸晷中一揮而就文下加點仍復玉潤朱圓筆
車自是君身有仙骨孟典
持滿而蔡

秋潭艸

夫子為衛　全章　　許孚遠

聖人之不為衛君于其尚論古人而可知也蓋古今是非可以類見
也夫子深與夷齊之讓固而背為衛君乎背者衛輒之處衛人立輒知此入〇乎已不皆
時委矣〇〇〇
而非蒯聵而許蒯輒孫衛安之說以肆于諸侯人倫之變要莫有甚于
〇〇偏〇閒〇然〇不〇卷〇〇〇〇〇〇〇〇〇〇〇〇〇〇〇〇〇偏〇大〇須〇發〇正〇
此者也是時夫子適在衛而冉有子貢之徒從焉聽正名之論夫子
〇名〇三〇日〇子〇費〇生〇議〇論〇〇〇〇〇〇〇〇〇〇〇〇〇〇〇〇〇〇〇
尚無因而發而處衛之意諸賢亦莫測其微故冉有疑之而問于子
〇〇〇〇〇〇〇〇兩〇賢〇問〇答〇與〇點〇〇〇〇〇〇〇
貢曰夫子為衛君乎求非以私心窺聖人也正欲以國之從撥而取
〇〇〇〇〇〇〇〇〇〇〇〇〇〇〇〇〇〇〇
裁于聖人也子貢應之曰諾吾將問之賜非智不足以知聖人也不
〇〇〇〇〇〇〇〇〇〇〇〇〇〇〇〇〇二〇句〇補〇然〇〇〇〇
敢以無徵之言而遽釋乎同列也然時事或难于顯言而化測或可

明文得盛集　論語　稿　愛吾廬選

說明發古有夷齊同知此其為遜國人也尚非中道有不當于聖心者乎而不知其清風高節師表百世賢人之名夫子不得而泯之矣是第遜國夫子稱之為賢人似也尚存矯激其中不能無怨悔乎而不知其求仁得仁甘心窮餓無怨之志夫子尤深諒之矣由是言之夷齊之遜國也以求仁也其無怨也以得乎仁也然爰令夷也違父命而齊也悖天倫雖逃國為諸侯不可一日安于臣民之上夫惟伯遂其為子而叔遂其為弟故棄國如敝屣可以浩然存乎天地之間然則仁不仁之間乃古人之所以審處也而父子兄弟之際正仁不仁之所存也以今觀于衛輒之爭仁耶非耶父子相爭國而骨肉為仇讐

即○以○問○答○為○波○瀾

雖○議○論○頭○緒○有

簡○擇○之○有○斷○非○虛○明○不○能

其于夷齊賢不肖何如也吾夫子處此必有大不得已于中者而况肯為之乎啟子貢出而語冉有曰夫子不為也然後諸賢之疑釋而國之是非定矣

妙在中間詳題處只言夷齊而不及衛事視將衛事兩兩對比者高數籌矣　艾千子

喜其沫朗無枝葉

夫子爲衛君乎　一章　儲在文

安於不仁者聖人所不爲也夫夷齊無國而不怨輒無父而不怨（擒題直截著）也不仁如是子且爲之耶且家國之變古今萬端而其道有二仁（以斯之）與不仁而已夫其安於不仁而其心一無所顧戀者猶其安於仁而其心一無所顧戀也不仁而安聖人所必絕也昔夫子居衛而衛君適有以子拒父之事當其時輒稱兵於境上宜言於國中以爲亡人嘗得罪於父也衛人和之衆口一辭而冉有子貢亦欲折衷於夫子之爲不爲者蓋春秋多君臣之獄而以子訟父實始於（原所以發問之故）此則無可比例之經當世多篡亂之徒而奉祖拒父其事略殊則

或有解免之路然而釋衛事問夷齊子貢之歎也又直窮其怨不

兩問一類敘

怨子貢之答也夫子曰是賢人也是求仁得仁而無怨者也而輒

兩答一類敘

之罪定矣何則天地之紀必不可絕故古人至奇之行其理歸於

萬何怨意光明洞達

至常神明之地必不可欺故古人至困之時其心有所至樂今夫

伯夷其當得國之理百倍於輒也棄幼而立嫡未必遂違父命也

而孫竹之墟不敢援是焉彼其心止有一父耳有可以順父之命

稱兵以增上字言國中前用去棄字用斷罪

者雖餓死而不辭而彼知稱兵以逆父命者之罪上通於天也且

夫叔齊其可得國之勢百倍於輒也舍長而立愛不至太傷父名

原批　出奇未經人道

也而首陽之下可以借隱焉彼其心獨有一父耳有可以全父之

名者雖餓死而不悔而後知宣言以敗父名者之罪擢髮難數也（與大舜終身訢然樂而忘天下同一至誠惻怛）窮山之中謳然孝弟九原可作至今如見其心之生我之愛比於仇讐一息尚存此中何以自處相提而論而夫子之不為豈顧問哉、嗟乎輒亦人子也彼即熏心富貴而清夜自思未必無怨至衛人誅然為之而輒果不怨矣夫夷齊之不怨非所望於輒而猶幸其（以小弁之怨對照便見）怨也安於不怨而父子之禍亟矣夫子蓋傷之也

議論精嚴骨力堅勁在陸先生謂一字之成固於金湯是也父命天倫二意人人解道但父命本易針對衛事而天倫一層多未融豁文以傷父之名立論比勘極透

吳荊山

夷齊求仁得仁。即大舜竊負而逃。遵海濱而處。心事從天理之正人心之安。推勘出絕無過中之行。則衛輒不得援存國之說。以贖其通天之罪矣。整巒徐行。安詳合度。高出鄒泗山王季重黃元宰諸作。　王學舒

夫子[illegible][illegible]　子曰　吳[illegible]

晉形於色情[illegible][illegible][illegible][illegible]矣夫色[illegible]表心則亮爾而[illegible]聞[illegible][illegible][illegible][illegible]

之將圖也而十乃之[illegible][illegible]為[illegible][illegible][illegible]情者何備以[illegible]者[illegible]且人[illegible]

意中事而[illegible][illegible]諸意外則情可不自禁矣亦嘗正襟而道之矣[illegible]

形為其神早令旁觀[illegible][illegible]志而才[illegible]於今還於當局者[illegible]詞則[illegible]

一時辭色所見端已[illegible]詰之而若[illegible]諱家也異哉武城而乃來[illegible]

歌之聲耶[illegible]必其[illegible][illegible]以用之故至[illegible]斯時也予將何以為[illegible]曰

前之時勢[illegible]懷大[illegible]相[illegible][illegible][illegible]而[illegible][illegible]古初則賞[illegible]哉必如賞[illegible]

原當在尋常之外夫化之[illegible][illegible][illegible][illegible]不[illegible]自[illegible][illegible]哉而[illegible]微小[illegible]

即赤滿吾志豈能舞而戒深愛惜之思果爾則割雞亦而以牛刀

雞非同行常思而豈不得謂用之間於雞用也抑亦用所可用焉

究不得謂用之等於徒用也然而子之為是說則同從莞爾而笑

行經安講會意書

何出矣以為用心視乎其實之所能勝而後不涉於浸淫古風其

目驗矣調變無資雖談和羹之樞觀變者所由善刀而藏也夫豈

夕有餘正實絹時觸耳此之為用豈真有遺其細處聆諸於代虎

而縱心以朴竟欲以一割之奉暴於夫擊厲之頻則試為技焉抑

何不頓庖丁之識其長也用半誤于其構之所可寄而後不同於

輳臠選會共可協于治餘從事乎變履綠之憂有為者所須鼓刀

荀也顧新驚於姍亦責瞬豈穢耳群之為用即非自[illegible]

同然於袖手而負力以饜其欲以小鮮之烹幾類長太息[illegible]

一望爲犧焉抑何不計使割者之嗟其拙也而爲用無一毀閣[illegible]

之爲是說乃崙從荒爾而笑騎也將謂偏隅有鳳尚萬方之[illegible]

蓋同之則循世俗波靡之久此翻蘊多奇藏何神驚於割犧不[illegible]

遂掩其欲登過望之情抑論一日有措諸百年之義發固也則[illegible]

以矣敗學之餘入耳熟已表情何驟然而來着幾代解於[illegible]

發宣之故蓋至遷還質河關而緩知子之為甚言興稱歎嘉[illegible]

云如世俱不用何哉

是手舞也

無窮神味。盡在一唉中。心頭渾。口頭譜。體與下意不黏不黏顯至。

聯篇亦如山林窅窱。渺水洄洑。先自靜穆情矣。盤會處

一入口氣。便不得將正音。攔入。文只平鋪後敍。行處畧見大主。

尤妙在是喜是惜。兩邊四面說來。仍不漏一斷嘹吭之間說。

評語。紀曉嵐

夫子時然後言至其然（論語）　黃世楷（鐵如）

夫子時然後言至其然

崇文黃　楷　鐵如

行合乎中聖人姑然其說也夫文子果時言樂笑義取乎賈說自以為然子何必不姑然其說哉今夫略行之歸一人以為然者亦衆人以為然也乃有人不必確証其然而述者竟自侈其詞聽者亦姑從其說一若驟聞焉而無庸詰辨也告者之過實以為在告者不知夫子之所以然也夫不言不笑不取在夫子或者偶然而人竟以為常然詎有是理哉人世矯飾之端真偽易肴於觀聽在習俗則視為固然耳不知尚口者絕火濕恭之度為缺者必指貧昧之識縱使外象張皇而核其生平未免為可憎可羞之刻人生

寔踐之行是非每誤於傳聞在旁人則視為同然耳不知慎詞者必多竊悅之容正色者可信廉明之節即令中懷蘊畜而稽其操詣詎置諸不論不議之中賈嘗聞夫子之言矣巧言如簧人皆厭之夫子則莠言是戒儳言是戒其時然後言也有然嘗見夫子之笑矣詭浪笑傲人皆厭之夫子則諂笑是懲匪笑是懲其為樂然後笑也有然嘗見夫子之取矣予取予求人皆厭之夫子則濫取是攫苟取是戄其義然後取也有然猶憶吾夫子年少立朝位居三事出入於玉敦珠盤之會往來於郊勞贈賄之間向非其音秩秩其色愉愉其守介介而何以動列國名卿之慕與一旦吾子

聞之而怒然也曰然哉然哉爾夫子其有是哉制行不合乎中每蹈偏陂之習爾夫子其時措咸宜者也信如子言則誕者不能（二比意圓調美須合題情）然孟浪者不能然貪冒者不能然同寮矢口而無異詞史官椽筆而為實錄某嘗交齊嬰鄭僑晉肸之輩其制行非不彰彰而求如子之云然者未易數覯耳夫子誠時措咸宜哉立品不循乎理必格詭異之識爾夫子其從容中道者也信如子言惟慎爾出話者能然敬爾威儀者能然不貪為寶者能然存誠無忒居然三善之銘克己不疑儼備四非之周某嘗觀希賢希聖希天之士其立品非不卓卓而求如子之云然者正未幾及耳夫子果從容中道哉

西冷三院會課二刻　論語

夫是以貫述之以為常然子聞之覺其駭然告者過貫之言更過也其然豈其然乎

局緊機圓通體無一懈之筆非老手莫办　原評

須會題意凝心靜氣以出之清光炯炯一著超超可以式浮振

靡剛茶堂

夫圭　某

第七冊　卷二十

夫仁政必自經　穀祿不平　俟雅集　劉長清

政莫仁於經界不正則為害甚矣夫經界所以均井地平穀祿也宜正而不正其能免不均不平之患哉且周禮設官以均邦國以平邦國凡皆以仁邦國也仁道不一事而見之於他事猶後見之於民事獨先不知先務之為急而遂未忘本將事之在民者民不受其仁即事之不在民而有關於民者民亦未嘗不病其不仁則甚矣仁政之宜講也子之君將行仁政井地者仁政之本也以給之民而民無不均以作之祿而祿無不平均則田有專主而民無兼併之害矣仁矣平則賦有常法而民無橫征之害矣仁矣則試與子進言夫仁政仁政蓋仁天下之政而

使天下無一之不均無一之不平而非一國之為仁政又仁萬世之政而使萬世無一之不均無一之不平而非一時之為而井地則其扼要之所在也井地之仁於何始始莫先於經界矣有水道之界焉經之而廣尺之畝與夫四尺之溝八尺之洫二尋之澮視此有行道之界焉經之而通人之徑與夫一軌之涂二軌之道三軌之路視此詩「迺疆迺理迺宣迺畝此物此志也而特慮其不正耳不正而其患可勝言哉其患一見之於井地一夫有一夫之地萬夫有萬夫之地欲萬夫之地不相淆必一夫之地不相混至於不正無以善其始即無以善其終而彼此之判或偏絀而偏贏吾見有以多而漸即於少以有而漸即於無豪強擅其利孱弱烏得不蒙其害即欲強與之爭而鱗次

比偶之區孰則為之辨證也則仁政之累於不均者豈少也與其患並見之穀祿列國就封以土地附庸並錫庶人在官以上中下農為差民戴其君而輸將不敢後君愛其民而剝薄不忍施至於不正無以圖其始遂無以約其終而賦斂之際或畸輕而畸重吾見有託為不足而額外徵求視為可欺而多方掊克攘奪之術工編氓之計烏得不絀即令心有不順而權驅勢迫之餘孰則為之哀籲也則仁政之累於不平者豈少也而如經界既正豈復患此哉

夫世祿滕固行之矣

蘭藻集　吳式芬

古法非不可行也世祿其明徵矣蓋世祿之制固自助法來也滕固行之不可由是以進求乎且君民有一體之情而朝野無偏重之勢自昔賢君為國綜全局而圖之無取乎專有所厚也專有所厚則必偏有所薄即此濬民以生之世其成法猶有未泯者未嘗不足徵古道之可復治地莫善於助則助法之行宜亟矣今夫助法者取民之制也而世祿者禮下之經也古者九貢有式九賦有式固以定歲入之常經而尤以家削縣都使卿士以其利於西疇南畝古者爵以馭貴祿以馭富固已極生前之榮養而更以酬庸報德使子孫邀其惠於九穀三農久矣世

祿之法與助法相輔而并行者也自老臣有播棄之患則世祿有不行新進有奪攘之憂則世祿有不行諸侯之籍去而司祿已闕其文則益疑世祿有不行乃臣竊謂滕之不行者獨助法耳夫世祿滕固行之矣所不能行者先王先公之留貽而將歸地以盡也李悝用而地力盡於魏商鞅入而阡陌開於秦在大國已習為固然豈滕也猶易圖治者乃入其境而民有菜色入其國而士盡華腴也彼峩大冠拖長紳非皆取精用宏之備耶食舊德而永貞可免升斗難給之憂矣所難復行者大經大法之漸滅而無餘例可推也税畝興而稷征之法初更田賦用而邱甸之斂愈重在春秋已變本加厲豈滕也猶堪復古者乃問之民而脂膏將盡問之臣而寵錫未衰也彼印纍纍綬若若非

皆鐘鳴鼎食之家耶償勤勞於罔畫固可免室人交謫之嘆矣臣於是為行之者幸抑為行之者危典章當淪斁之後幾無遺法之可循乃世祿之相沿勿替者爾宅爾田猶得指名以相按此即碩果蒙泉所由發生也賢者食其報則愚者不得獨遺貴者沾其恩則賤者無難徐及行所已行並未行者可緣斯以起臣是以為滕幸之也聖神有康濟之猷原非一端之可竟乃世祿之有舉莫廢者予取予求徒然專利而不厭此即碩鼠萇楚所為慨歎也頒粟以食之而粟必有所自出割邑以與之而邑必有所由成行未盡行並已行者亦虞其難繼臣是以為滕危之也請即以世祿之詩徵助法

夫世祿滕　公田　　儆雅集　何東承

即世祿而計所宜行、詩言公田可詠矣、夫世祿固滕之已行也、即已行而計未行、雨我公田、不於詩致意乎、當思公卿有田祿者、又當力於農事、此以祈甘雨、嘗致詠於卓彼甫田也、顧匪頒有典、惠自重於臣家、而吟詠所傳、發先深於帝籍、有家者居然食力矣、而言念先疇、亦曾歌曾孫之稼否耶、如貢不如助之善、龍子所言、其在農服公田、夏小正之世乎、抑或徹田為粮、篤公劉之世乎、究之取民之制、固與禮下者同為滕所當行耳、夫禮下之制、莫如世祿、滕自卜正以來、幾何世矣、土田之封、原與職官並授、雨露之澤、豈於寮寀或遺、詔祿者繼以世、千邁之詩所以歌從公也乃為敬為體始封降其典從爵尚未改其規滕自定公之後亦易世矣田洫之作雖未聞鄭之公孫公室之占豈必無魯之季子馭祿者保其世黍苗之詩所以仰膏雨也乃或二或倍先公沛其施嗣主獨能遵其軌以言世祿固可以從容有常者為滕詠退食自公之詩也固無慮終窶且貧者為滕詠公言錫爵之詩也何也固行之矣今夫祿必取諸田詩所謂大都之田小都之田公邑之田家邑之田是也滕為小國世祿之田宜以一千六百畝下至百畝為率大抵通力計畝如公之取於民者藉使兩無其極或興三事之嗟田卒污萊未免多藏之刺豈先王賞延於世之意耶我讀楚茨諸詩或稱邠雅皆為世祿而作言田者不一莫著於雨我公田云大田而瞻多稼舉公

田之地。未别公田之稱。茲則其濛者雨之零。直例以我疆我理。而區之為公。是何啻縣上之田。所以為介推祿也。雩雖未濡。而雲則已同。先不禁為我公歌舞之。中田而問有廬。識公田之區而未載公田之號。茲則有渰者雨之萋。且統夫我倉我庾而屬之於公。是豈猶豐祀之田。不能任先人祿耶。膏既不屯。而澤斯可待。先不忘為我公頌禱之。夫世祿已行。自不必讀裳裳之詩而繹其義。而公田未立。何能忘祁祁之詩而辨其名。是詩也。周詩也。由公及私。而公田不卽助之法乎。

夫世祿滕固行之矣

曹鳴

先舉滕之已行者以爲此與其一也夫世祿先王所以厚君子而滕固行之然亦思世祿何自出乎而謂能獨行乎昔者先王之爲國也行之民者授以產而要諸恒行之臣者詔以祿而延于世世祿者亦

馭意藏餘

臣之恒產也以今而觀諸滕行乎否耶滕地雖褊小將爲君子焉官不可□世祿不可以不世也恐使勲勞之後降在畎畝乎滕國雖斗列爲蕃君于焉旂常之爲世臣即當報之以世祿也恐俾耆舊之裔

露勞

興嗟淪落乎而危竊有幸于滕也謀國者豈言法古云行于古者

輕機

不可行于今不知彼特榮來之行耳今觀滕之百官凡先世有德于

矣。者[illegible]事。[illegible]而不統。窮。然。先王峙[illegible]循餘德之風也。豈非已事[illegible]知此佳妙

[illegible]者錄。豈發制[illegible]謂行于大國者不可行于小國不知彼亦一

[illegible]所行可令觀。勝之路。[illegible]祖。父。絕功于[illegible]者當使之分地而食焉

[illegible]敗。時合參。庚。億之實也。豈非成。然與[illegible]于此乃一為滕幸焉

一為滕危焉。天下事有將然者。則必有[illegible]然者。以求存其滕。滕行

世[illegible]未[illegible]幾之動。者勢將[illegible][illegible]代之

[illegible]分[illegible]事者分之本。一事斷無于此行焉[illegible]之理

於[illegible]日大世[illegible]所行之矣。天下事有未然者。則

[illegible]所[illegible]其[illegible]將行[illegible]何藉矣。勢所

籍者當必推本從來以深圖其經制之久大苟既為吾臣謀其入而

當日世祿之行緣助法始有

不先為吾祿謀其出將有暫則行而久則不行之憂于是慮後者統

而籌之曰夫世祿滕固行之矣夫先王之世楚茨甫田諸章非為有

世祿者咏乎何所言皆農事也臣請為君誦詩

余于向外寫向中之神空靈奇雋雖使大士復出應莫不虛君之

毛漢階

向中之神只在一固字句中說行世祿句外乃特欲行助法藉神

全從行助而以行世祿欣悚誘導固字得神乃不爭挑剔如絲牽

海寄力出字外也

夫世祿　粵秀上一　歐應瑄

即世祿而計之意不在世祿也夫與助法通者莫如世祿故為文公先計之若曰自天下規方既定而後世祿生焉世祿者所以厚其臣者也夫厚臣之道本與厚民者兩相成至年或告饑民或告乏而祿亦忘所自來矣而從疆理既墜之餘思食采相傳之舊猶令人恍然於故家遺俗也吾由賢君之禮下重有感矣先王知賴以養民者旂常鐘鼎不足以優之為生民籌衣食之經不可無以裕其衣食為小民課身家之計不可無以厚其身家功德自在人間何至澤被閭閻奕禩且夷為皂隸先王知任以治民者宴好匪頒未足以報之為生民扶植立不可使植

立無資為民物莫安全不可使安全或困處賞原非濫及所以勲隆碩輔寵眷並逮夫子孫若是夫世祿所由設也古人制作之精兩全而不徹所謂世祿者既使先代勲勞食存舊德亦使農人畎畝服纘先疇也夫文王西岐布政原不以仕者世祿觀王朝遠大之謨而臧治已遥不得不從爵秩世承上探夫精意然後知横征暴斂苟歲有常 諒不至斯也世祿何莫非忠厚之遺也後人推繼承之義相得而益彰所貴世祿者老臣遺裔恆產既輔恆心守下黎民常供復安常業也夫畢公東郊保釐尚恐以世祿之家啟後代驕淫之漸而成規已邈僅得從土田世守上溯夫流風然後知朘削摧殘苟入者倍徵亦所大懼也世祿豈猶是古昔之制也大夫不世爵矣頒士無世官所以杜

不才之累仕有世祿所以示破格之典夫崇德報功盛朝不廢然謂體國經野惟此禮賢一節已足贊天道之全將倉廩實府庫充何難推王食餘半歸臣下縱世家大族原無怙侈滅義之風而綫以浚上錫予之書以是為經邦遠略也則世祿亦從存其名焉耳歟國有世臣矣顧以國國本世德重賴相承以念前勳世祿惟期勿替夫待須養厚聖[illegible]然謂足國裕民惟此忠厚一端已盡括治安之策將賦有加畝有稅何難賤脂膏既竭以徧及臣僚縱世胄強宗或無措克貪婪之習而第區區下優崇之詔以是為仁政宏謨也則世祿猶未盡其美焉耳勝國行之矣助法之行其可緩乎

夫以百畝　二句　　玉茗集　楊亨衢

己以百畝為憂者始終農夫之見也夫百畝不易則以為己憂百畝外非所計矣非農夫而何堯舜之事復何望乎今使秩並耕之說謂聖人勞心之苦不若細民勞力之安則率世人而同歸於農無聖人出而治之恐細民亦難安於農畝也而況合三時之勤苦以求免一世之飢寒勿論勞心之聖人所不忍為即忍而為之其智計亦與細民等耳蓋細民之異於聖人祇知勞力而已矣彼堯舜有所不得引為己憂使徒知有己者必將擇百畝之田為農夫以沒世矣何以憂為噫此農夫便己之計耳吾非謂聖人不當知農務也山川何以奠定府事何以修和有聖人為之籌畫則定體

理者始有百畝之可分無聖人為之維持則患懷襄者並無百畝之可受也吾非謂世人不當歸農業也不耕則受之飢不織則受之寒世人食聖人之德則循定分者享百畝之利於無窮世人没聖人之勞則為異言者並不識百畝之制所自昉也若夫百畝之不易而以為己憂苟非身為農夫果誰屬乎蓋自世有不為農夫者而農夫之務本始足貴耳夫王侯衣租食稅卿士受祿詔稍誰非待食於農夫者水旱以卹其災饑饉以周其乏使農夫得優游於百畝者不得謂彼為其逸而農夫獨為其勞也至於鋤雨犂雲極胼胝之况瘁此則農夫身親其事耳抑自世有困於農夫者而農夫之守拙殊可矜耳夫元聖起自耕莘良弼賚於版築豈無寄迹於農夫者而其識可以覺世其謀可以經邦使農夫享樂利於

百畝者不得謂彼養其尊而農夫獨嘗其苦也至於水耕火耨計豐歉於菑畬者此則農夫躬習其勤耳夫歷山避跡有鰥則躬荷耰鋤邰室發祥后稷亦身勤樹藝有始為農夫而終不為農夫者然以百畝不易為己憂當其居賤食貧則合聖凡而無異也蓋大穡逢年當預憂其越畔憂之切於己者未可以度外置之矣且圖繪豳風詳納禾築場之事書陳無逸紀康田卑服之文有不為農夫而更切於農夫者誠以百畝不易為己憂則雖端拱高居亦合君民如一體也蓋厚生利用每切戒於妨農己之所為憂者殊難以常情測之矣至於為天下得人而欲以並耕廢之何智出農夫下哉

夫民今而後　之也　　舊刻呂柟　無名氏

大賢諒鄒民報怨之心，見鄒臣之自取也。夫殘民者民必讐之，鄒有司之死於師也，民竊是以抒其怨矣。孟子對穆公曰：上下固有常分，報施亦有常情。出乎爾者反乎爾，曾子之言則然矣。今攻之出於有司者，其結怨於民非一日矣，民特積怨而不敢言耳。民之欲反於有司者，其蓄然於心非一日矣，向特無釁而無可乘耳。一日而魯師覆僨，此群臣之憂，而百姓之喜也。以爲吾乃今始可藉總矣，而穆公帳恨也。一旦而鄒師敗績，此群臣無生之氣，而百姓無死之憂也。以爲吾爲今始得假數人而除積怨也。一死於兵，與死於

歲其死途相當也而後一減其未減之憤焉死於戰與死於飢

死途相酬也而後一平其未平之怨焉方幸夫老幼之冤得以償

之而尤竊其先墳於溝壑曾不得少待有司而皆去也是豈民之

吾痛哉昔以此施今以此報而已矣方幸夫壯者之恨得以紓之

而尤悲其既散於四方曾不得覩見有司之就死也是豈民之好

亂哉昔以此感今以此應而已矣向使含怒蓄怨之民而顧為楫

雖起歟之姿剔出爾之謂何而反爾不如是耶胡不引曾子之言

觀之

婉曲痛快步步緊看上說○其神情前後迎伏関生處都在今

題而只今字後字着力○轉折呼吸○取勢極活更不寂寥○○苦心
快心○欲令欲吐○張子遊
文勢絕不迫進○然仍是半句○

夫民今

曾

夫民今而後得反之也（上孟）　呂柟

○○○夫民今而後得反之也　　呂柟

諒字已籠下無光意

大賢諒鄒民報怨之心見鄒臣之自取也夫殘民者民必讐之鄒有司之死於師也民藉是以舒其怨矣孟子對穆公以上下固有常分報施亦有常情出乎爾者反乎爾曾子之言則然矣今政之出於有司者其結怨於民非一日矣民特敢怒而不敢言耳民之欲反于有司者其蓄怨於心非一日矣向特無釁而無可乘耳一旦而魯師覂境此擧臣之憂而百姓之喜也以為吾乃今而後始可藉寇兵而爵宿憤也一旦而鄒師敗績此其臣無生之氣而百姓無死之心也為吾乃今而後始得假敵人而除積怨也死于兵與死于歲其死

兆、今、而後、接、得恰好

以為二字、于、而、來了、已二比接反

之恰如二句　先說魯○師○憊○境○必○說○鄒○師○敗○績○作○兩○層○寫

反之尚身說

援法　原評

相當也然後一洩其未洩之憤焉死於戰與死于飢其死適相酬之

然後一平其未平之怨焉方其夫老幼之冤得以償之而尤痛其[illegible]之

填於溝壑曾不得少待有司而償亡也是豈民之喜禍哉昔以此激

[illegible]而以此報而已矣方幸夫壯者之恨得以舒之而尤悲其既散于[illegible]

四方曾不得一見有司之死也是豈民之好亂哉昔以此感今亦[illegible]

以此應而已矣向使含怨蓄怨之民而顧為捐軀赴敵之士則出爾

之謂何而反爾乃若是恥胡不引曾子之言觀之

前四比敷衍題面後四比發揮題意敷衍題面處先反後正發揮

題意處先淺後深敢怒而不敢言無[illegible]而無言勁足題之反面始

舒宿憤。始除積怨。是題之正面。適相酬。適相酬。尚淺一層。不得小待有司。而偕亡。不得親見有司之就死。則深一層。此是一篇次第。○首二比先言結怨於民。是就上言。後言民蓄怨於心。是就下言。次二比先言魯師壓境。是以兵始至言。後言鄒師敗績。是以兵既敗言。股法[illegible]亦次第。

夫民今　呂　六

夫民今而後得反之也（上孟）　陶元淳

夫民今而後得反之也

陶元淳

怨而得反也嗟其晚已夫民之欲報有司也久矣乃今而得一反也
悲哉若曰甚哉民之不得志于上也雖有甚怨之事而常銜之以
終身幸值可報之時而又不能冀之于旦夕如今者鄒民之于有
司也瀟彎轉矣四方散矣我父我兄長抱恨于九京之下而不能
反字根起念百後
反也則恨甚也一人孤人弟欲剚刃于仇人之胸而不敢反也則憤
甚也一旦聞有魯師民始有所藉手矣彼視我死而莫告則我亦
視彼死而莫救是亦所以反之之一爾而吾獨惜夫反之者之乃至
剚人
深處
于今也至于今而民之望宜慰矣而聽愈高君門愈遠當此水深

觀此一句見亦情所必有

火熱之際慶欲反亦付諸異世之事耳及吾猶見其死也此民所

鼓舞相慶以為今而後莫余毒者也至于今而民之痛轉深矣室

陳六見有餘痛

家已散骨肉已離觀此蕩析離居之景即反之而已無生人之樂

出而後二字之背

矣彼死而無救于吾也此民所腐心切齒以為至今使我心傷者

即從撥公閒見

也悲則悲夫致究之緩使得久肆其虐而又以其覆績之軀博死

得非必無中生有

必昔人死于饑死于飢等語又翻進

事之卹而我溝壑死者之竟生無以養死無以葬也則其氣猶未

乎也悲則悲夫借人之力不得親致其誅而又幸以歸元之故蒙

首丘之恩而我四方散者之竟欲歸不能欲留不可也則其鬱殊

未息也蓋蓄怨既深則觸目皆傷心之事而倒懸久則畢生無

吳甦謙

快意之時。彼有司者。平居不能治國事。緩急不能共國威。無事則殘民以逞。欲有事則束手以就斃。此君之宜滅之也久矣。遲之至今而民殺之。雖君亦當恨其晚也。何云太快、

世所傳涇野呂公文。乃萬曆初年人所作。嫁名前輩者。其描寫今而後三字。己自悽戾。然未有如此發露也。何屺瞻

痛定思痛。亦就前人作引而伸之意。在發露則出語不免過激。然不如是。不足以使世之上慢而殘下者寒心。

夫如是故遠人不服　一節　翁若梅

觀所以處遠人者始終於內治而已夫文德固即本均安和而敷之者也以是來遠人即以是安遠人總以勤內治而綏遠畧耳嘗觀先王之世弓矢既櫜仍不輿征討之功變置之舉論者遂謂敷靈震疊先王能為弱亦能為強也豈知整綱飭紀之下彼有伉志我無禍心翦其為華面以從者乎故格攜以禮懷遠以仁晏然若無事焉者非有他也亦惟是奉德康寧而轉以固吾圉而已以予所聞均安和之效彰彰如是是固非為遠人設也是又不[illegible]為遠人設也誰為遠人者有不[illegible]而來[illegible]相安於仁宇也哉夫[illegible]之人

大氣盤旋全題在握古茂

似西漢文

細入如是昇古

反板古

來則遠人服矣重跡而至以上二比皆風薮遠人安則遠人愈服六頌
德無疆沐浴者膏澤甚矣內治其隆有國家者之不可不如是也
總挈全題股合冒夫字數字意新穎
然以如是強本即以如是格頑以如是化逆即以如是撫順故夫
邇矣有衆未必其不終服也又正不必其遽服值有道之朝而稱
戈犯順此亦自作不典可以率殺無赦矣而有國家者惻然也曰
用經如冒已出
至誠感神矧茲允蠢爰惟天其罰殛我我其疾敬厥德乎爰是趨
處處摘入上三字
以乘齊行以肆夏皇然本內治之意以敷之均安和之曰懋如是
也若夫蒸然丕變吾既有以來之也而彼又寧遽不來當之晏之
餘而叩關納欵安知非窮而歸我不免包藏禍心與而有國家者

、又惻然也曰爾有爾土尚寧幹止我惟時其大介賚爾、其安宥
如故乎爰是奉以冠帶祠以春秋惕然懷內治之思以處之均安
（古文出處）
和之不替又如是也夫其治內如是而治外復如是者初非傲游
不振而諱言兵也亦非羈縻勿絕而圖省事也先王有封爵即有
封誓縱僻陋在夷亦以礪帶命之曰國以永存乎就令梗化豈無
（對上束帶言）（思內下封精光滿紙）
悔心其誰非神靈之苗裔其俘之也我僖廟中興雖嘗名虎臣而
誓於費而克明其德淮夷攸服修之亦已如是矣夫豈獨舞兩階
而有苗格治四國而江漢平覃式修文無思不服也哉王者有分
土必無分民雖蠢爾蠻邦亦可領望之曰庶其撫我乎若已來

庭猶然致討其晚朝廷妾其危也桃姬公負扆雖亶濛
東八而至邑諸洛而有幹有年小子乃興安之固已如是矣矣是以
虎皮包而兵可不用海宇晏而波亦不揚長治久安聿修厥德而
已然則凡有國家者終不可不如是也明甚遠人且如是況在邦
域中乎遠人不服且如是況東蒙之主實社稷之臣乎

取鎔經義自鑄偉詞其泒別在 國初名家 林青圃師

處處不脫上二字脉動筋搖精神滿腹至其古音古色自具

先朝法物 邵元圃先生

夫如是故　一節　　翁若梅

覘所以處遠人者、始終於治內而已、夫文德固即[illegible]均和安而
之者也、以是來遠人、即以是安遠人、總以勤內治而緩遠畧耳、[illegible]
觀先王之世。弓矢既櫜。仍不無征討之功。遑置之舉。論者遂謂[illegible]
霊霽疊先王之能為弱而亦能為強也。豈知整綱飭紀之下。彼有
忼志戎無媮心。刿其為卑而以從者乎、故招携以禮。綏定以仁晏
然若每事焉。亦惟是奉德康寧以固吾圉而已。以予所聞均和安
之故。尚彰如是。是固非為遠人[illegible]是又不啻為遠人設哉。誰為
提挈老到
遠人者有不患娍而[illegible]姐[illegible]無事[illegible]說[illegible]遠人來[illegible]遠人服

鏡峰課藝　下論

矣重跡而至遐陬者亦遠〻則遠〻心亦天頌義無窮亦洽
者膏澤甚矣內治綦隆而國家亦之不可不如是也然而必兆強
（在題）（大題）
本即以此格頑以此化逆即以此撫順敵天遂矣有衆未必其不
終服也正可以必其遐服值有道之朝而稱戈犯順此亦自作不典
而可以率殺無赦矣而有國家者惻然也曰至誠感神剡茲允蠢
（極合語意）
爽惟天其罰殛我我其疾敬厥德亦爰是問懿深宮識與明堂之
然之內治之意以數之均和安之所由日懋也若夫熬然不丕變而
（有條字深細）
求之有以來之也而彼又寧適不來嘗廸屢之餘而可闕納吹之人
非窮而歸我而不免包藏禍心與而有國家者又惻然也曰誕布

嗣土尚寧幹止者惟時共大介齎爾爾其安堵如[illegible]又且[illegible]

罔禋祠以春秋惕然懷內治之思以處之均和安之所以不格

嘉魚笙瑟

[illegible]大來之者初非優游不振以迂紓養亂也即共安之者又非[illegible]

且遂就而羈縻勿絕已也居安思危先王動創非常之原彼其[illegible]

豫桐豐鎬之規模具在則均和安之在內治既如是其犁然矣而

觀成王宣王安集寓懷大吉矣思　讀書有眼

戎虜外攘用缺西土之錄玁狁內侵爰採新田之芑有文事者不

險生創之非常之原無一語可[illegible]用

有武所乎即其洛邑營而東人之土可遷安宅而太原之民可

料緘[illegible]宇者未寧爾居天下不用以計時試窮兵之禍而不識其

煩苛一秉偃武修六先　常多　之　及外嗣周官之品制

鼇峯課藝　十　[illegible]

長留則均和安之在治民……多方不靖禮樂茲（出也胡稱青）

宏敷貞之功聯邦方伊卑徒尸……同之經彼奮武者不戢撲人

予至六淵源既定而子孫可以興中外率從而師千不再試輸乃（恰是享無事之福）

試者勿操而本天下所以共快懸車衅甲之休而不憂其驕擾一欸

（律入本位大海迴瀾）則有國家者其所以來之安之而不敢有少志何獨不然哉夫侯

明堂記亦可繼頌舞羽稱干偏堪鼓順人苟非文德所招則雖干一

然永思猶失鷹鸇之逐如向者菖僕之已事矣即奈何狄然以一（餘勇可賈）

心

讀書破萬卷下筆如有神舉似斯篇乃非溢美

尾

此節義旨自張晥樓鑿破混沌故字則字乃現圓世文德字
董深得作者怋而張之直欲伐鼓撞鐘騰海上矣

夫如是 三 翁

夫如是故　一節　劉廷舉

懷柔有道內治急、夫盖修德可以服遠來之安之〇有道也、凡有
國家者尚其知之夫子意謂古之善制治者每不勤遠畧而惟急
近修凡以內之所務即為外之所懷也故從來服人之道未附則
高老潔
思有以附之未輯則思有以輯之如吾所云均和安誠急急已今
深最真
夫均和安豈誠為脅服遠人計哉然果無貧無寡無傾如是又奚
一路參差歷落縱有
慮遠人乎盖遠人亦易見德耳通以朝聘約以會盟報以存問托
宇下者俾之各有寧居靡不鄖多奮激曰大國其撫我乎先來有
故字則令安頓有法
避之惟恐不速歸[illegible]猶欲[illegible]矣以之服不然遠人何非毋

亦惟是我國家上下之分[illegible]未加彼此之釁未消乎則德不可不修有斷然者先王之設禁也所以附疆其土地所轄有依藉仰賴之情何敢鋌而走險故同此封域雖曰推而遠之猶是帶礪所聯茅土所屬也我雖不以患寡與貧之故而泯其顯武之漸于版圖之內彼遠人寧敢不輯志哉蓋仁義為天下大柄大國之君臣既無不懷仁抱義而序其春秋通以宴好凡有祭徵期會未嘗利其土地夫且為之計安全焉則由是慰其勤善體其憂勞又孰非文德之所誕敷也乎先公之啓宇也大以字小其人民所統本有招徠撫綏之道何忍狡然思逞故共此井疆[illegible]曰

排疏有文情

遠而屬之猶是華轂所及指臂所使也我惟能以均安與和之理而絕其稱兵之隙于版圖之中彼遠人寧敢有攜心哉蓋禮樂為之下要道太國之君臣既無不陶禮淑樂以達其姓名供其職貢沛然直達之中仍有伸縮自如之妙凡在講信修睦未嘗窺我人民而更為之忍輯寧焉則由是鬩爾融下一氣無痕奔走恤爾往來又孰非文德之所暨訖也哉蓋懷遠有術耀武不足以來遠徼而文事已弛柔遠有方觀兵不可以安要塞而德威何於今由與求累奚若也耶

認詠獨精通幅詞旨樸茂 原評

題中數虛字安放之法深下穴安處以是於術作用卷舒於意

龍山評塾

層次分明是得力漢文者

夫君子所過　三句　向日貞

觀化神之速而知君子一天地也夫化神者天地之所以為盛也君子之所過所存若此故居然一天地云且王者出而治世（階自卜何判入）何一不在生成之內者哉盡主德之盛原感民於不自覺是以正一人之性術即以孚兩間之生功也試由王者而思君子夫（明提下句例入）君子豈非參天地而立極者哉即其所過者觀之則無俟時日（乃是天無不化）之久焉偶一刑之而無不戢也偶一賞之而無不勸也偶一教之而無不從也其不疾而速也是其化也即其所存者觀之則（亘句君子所存以）以昭示之迹焉我欲刑之而已無不戢也我欲賞之而已無

動也哉紛數之而已無不從也其不令而行也是其神也乎

子之過化存神如是々豈人事所可及哉觀於天地不禁慨然

此下十股皆做〇同〇厥〇君〇此〇虎〇定〇犬〇豺次第是先〇正〇禮〇塲〇

遇之矣天地之所流者既健行而不息君子之所流者亦時出

處

而不窮天地之所流者既無心而成化君子之所流者亦不勞

而成能天地之所流者無形故載高覆厚而莫言其德君子之

所流者無迹故含哺鼓腹而莫名其功其化也猶天地之以兩

而化也其神也猶天地之以一而神也其範圍而不過也亦猶

然乾覆而坤載也其曲成而不遺也亦猶結穴然資始而資生也今

取而曉夫何分於天地乎君子乎祇見上下與天地同流而已

矣。治本無為。不尚張弛之迹功符以進矣原效法之文猗歟休
哉。、、、、。
哉非王者局能若是哉
股短氣長分之則短小精悍。合之則暢茂條達也。不得此秘
徒寥寥耳。　際飛

夫君子所過者化

癸卯　周學健

化不需時其機捷也夫天下非有效於君子而至誠動物固有不疾而速者化豈有待哉令夫民情之動也以為轉之而動則動也（洒洒然而來讀奇天矯）勞以為非轉之而動則動也滯惟動有不倚乎動者而後以動予民而民不有以動予君而君不受君與民而不居其動則其動也亦仍聞之動而與動者而已吾以思夫君子群天下而相望謂必有時言時行足以傾駭一世之聽觀豈料遠出乎擬議之外也而（淡宕中有味一唱三嘆）相顧愕然不禁其色欲喜立百端以相窺意必有奇情卓行足以（警絕）饜飫一心之飢渴不謂遠獲乎願欲之私也而自視快然頓覺其

意欲消、當其時一殺而民胥格也、一利而民胥康也、一教而民胥

落句遊脫

淑也化矣而問之君子則過而已矣、衣冠瞻視之間何與世情乃

指頭中見一動容者而情躍然矣又轉而鏡此故吾而情益翻然

柳潭得意之筆

矣夫藜火之先百姓即愚而莫覩儀象之表天子又淡而不言而

化字神情飛躍

當日者禮達則不爭樂至則無怨覩其光者并相忘於步趨之下

而熙熙然群遊聖人之宇而莫之識也、家至日見之儔雖屬耳目

乃逡巡閒得一獨立者而志欣然矣又忽而冀以樂受而志愈勃

然矣夫宮庭之上海宇徒相望丰采鼛鼓之下臣隣非盡接德音

何爾日者飲食若相語性命若相告胸其德者并背忘於耕鑿之

頓而沛沛然各頤聖人之天而莫知其然也當夫深居簡出若淡（從此字頓○說到過）

然與斯民相遘豈知機之所流無閒形迹乎夫君也何心轉移業（已化字）

已開一可遵之路以戀而相待而措無為受之者諒乃適相授也（說○樂○抑○揚○頓○挫○盤○鬱○）

兩相授則群托於不可擬之數而至闡其功力之淺深則亦以為

安為耳矣迨夫時雍遍德若暢然與斯民相見豈知天之所鼓舞（從化字說到過字）

事問歷乎彼民也何知大道既已留一可改之隙以挈而相與而

特無為感之者謚乃復相應也兩相應則衆著於無所逃之天而

至叩其廣運之遲速則亦以為順焉耳矣上無可留之迹下無可（古○氣○盎○溢○）

之功朝無忠飭之勞野無漸革之偕此王者所為從欲風動化

同天也吾惟穆然於皥皥之民已矣

渾厚堅老拔之沉寔揚之高華自是歸金一流　原評

題本極難刻露文獨探喉而出思曠緲以無際筆與衍而莫窮酣暢淋漓有鶴翔龍擾之勢　侯司瑢

夫君子　周

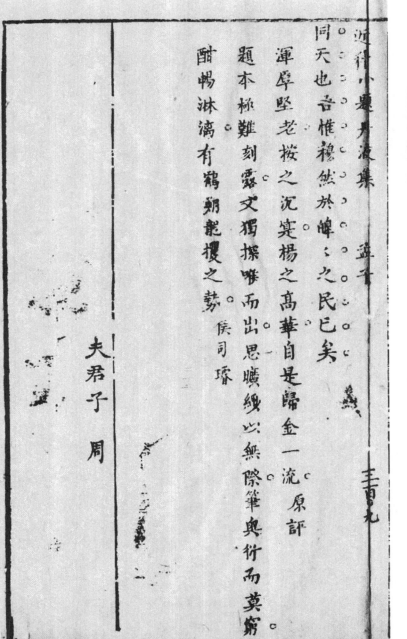

夫君子所過　一節

明課本學一名　金山衛儒學師袁熹

化神合乎天地伯功不足道也夫人未有以天地為小補者而君子之過化存神亦既與之同流而無間矣王道何其大哉且大五伯者法三王而假之者也假則小矣三王者法天地而同之者也同則大矣天地之所以無心而成化不言而自神者舍不得而形容之也觀諸上而天道流行于上焉觀諸下而地道流行于下焉人即至愚未有不知天地之功用爲止于小補者也未有然天地之小補而驩虞以思恨者也夫君子何以異哉君子以萬物爲一身而身之所過者如即天地之無心而成化焉以四海爲一心而心之所存者如天地之不

言徇神爲禮樂刑政之原君子有以感乎民而治乎感者其感最
徵日用飲食之費民無弗應乎君子而應乎應者其應向遠大矣哉
居下之化神乎其始如天之無不覆如地之無不載流而不息合同
而化矣豈自天地之道之流于終古者言之鼓之以雷霆而不為厲
息潤之以風雨而不為恩也保合太和各正性命而不知所以然之
一彼消而故化要惟此物與無長之理而不見有曲成萬物之迹自
君子之道之源于而關者言之五刑五用叅天之心也鑿井耕田順
帝之則也保民於變四方風動保藏之寬也性之為能存神物
其能過化亦祇此天下為公之度而不見有乾闢天地之營其流焉

者非其補焉者也其同流者非其小補者也以補爲術者效必小經營甚勤而缺畧不完之形昭然莫掩力固有所不舉氣固有所不周也由積而流者功必大陶鑄無方而鼓舞不倦之機悠然雖盡至治所以無名太平所以無象也後之圖治者宜何從焉

元氣渾淪挺然獨運入之震川集中嵐止作翻身鷹風而已　景批

結體渾成老氣無瀾其下語之精當非有根柢者不能

夫君子所　者神　　蔡以臺 季實

化神有妙用而君子之德業可想矣蓋化且神民情之大可見也
竟于所過所存得之君子乎抑何其德業之盛乎間嘗神往乎
治而竊嘆聖德之及民何一不在人意想間也而卒無一在人
想聞也蓋其身心之所関注原不與天下以易窺而鼓動不甚
繹應者倍捷此聲色所以俱忘而會歸自有莫測也矣不怨不庸
而遷善不知民之樂樂如此夫民亦何以而生於君子之世乎蓋
乾坤日闢其文明在前民利　有易轉之機特恐版列五方
必鍛其血氣心知以待琅或見東漸西被之模而責效于旦夕也

者靈雨之盈于草昧利物有以遊者孰去之丕應于僕去則夫君門
萬里欲瞻其起居頻笑而無　革面洗心之化而純任夫自
然也者然而化矣耳目不知何以一新　思不知何以一變樂天
王之制度一經流布而鼓盪靡涯則君子之所過者有然之而神
矣意旨不知其何所從來聲教不知其何所暨訖舉我后　精神
一經感召而鼓舞自深則君子之所存者有然之蓋中正以觀天下
本諸身者原有議道自己之學而出其身以為天下共見
則自有不竭之蘊美焉故觀瞻者皇極之建而佩服者王路之平
草水白　甄陶負其光華而範圍曲成之妙亦運以指麾

無々況乎宥々有衆而不爭近天子之光哉。即靜深有以君
之治諸心者。原有退藏于密之妙。而出其心以為天下共見之心
自存無形之經緯焉。故相感者清。必之在躬。而必達者志之
知神節至百神。（赤城○[illegible]○[illegible]○[illegible]○大○崑崙○）河嶽共之于懷柔。而翕闢張弛之故。亦約以之
中而自有餘。竊是豈多者。恨而不坐享萬蒸之解哉。然則冥而
乎必禁而止。非其民俗之來蘇也。推所遊而有餘于遊之外者。則
月吉懸書。原不徒為講服人心之計。故々山航海。且不情重譯之
來朝。而功可銘于鼎鐘。而誠一。金石作誓。而畢作會。而疑亦
非世風之素古也。惟所在而有立于存之先者。則垂裳拱深之

扶爲節鎮一世之謀而繫於耕田人且與帝力于何有帝闗於之懷洗于日月風從之勢沛者

蕩子乎其真與天地合也德者乎

典重爾皇盛世元音

夫君子　蔡

夫君子之居喪　五句　　顏　壔

君子之不敢奪喪、惟其心有所不能忍也、蓋苟有思哀之心、則有隨在而不安者矣、君子之不為期喪、以此、夫子既責宰予、而發其本心曰、聖人之制為喪禮也、豈惟是為偕死忘生之防、姑設此强人之具哉、夫亦曰稱情而立文、凡情之所不忍出者、即禮之所不可遠者也、食稻衣錦、而女安之、則期年之喪、惟女為之耳、此非人所敢為也、正以非人所能安也、令古人而或安之、亦當無不為之矣、夫君子之居喪也、痛瞻依之無從、覺日用云為無在而非心傷之地、維重哀之在抱、即紛華靡麗、觸處徒滋涕零之端、茹蔬不改

直揲故宰之意入

承上頓跌恰好反振題末順落

題首

非弟曰勉而為瘠也念几筵之空薦而吾親已不及嘗也顧自以膳羞嘉旨用為適口也忍乎哉則不能甘也（添一能字悲痛）琴瑟不御非弟曰例有明禁也惟憂樂之殊致將入耳祗增忉怛耳而或以鏗鏘音樂藉為悅志也忍乎哉則不能樂也寢息於外非弟曰嫌疑必慎也念荒邱露野吾先人之魂魄棲焉而顧自宴然居處無異平生也（自在流出恰對短長說來）忍乎哉則不能安也創鉅者其日久覺歷時而思慕未忘痛甚者（故字恰接）其愈遲亦閱歲而悲哀未盡故雖使穀升燧改備經天運時物之推遷而吾心之慘怛者未忍因是而輒變也即任禮壞樂崩大乖學士陶淑之故常而吾情之悽愴者不謂已久而可奪也其不為

也。由不安也。蓋惻隱發於人性。即有動而此心難已。禮節準乎人情。亦有制而百代莫踰。今也女安。亦大異乎君子之用心也。則為之而已矣。

血淚所洒看似激楚之調實皆嗚咽之音何廉吉

夫物之不齊　千萬　周金然

情自不齊物固難以概類也夫人何必不齊物物何必不覺齊于人而自有不齊者倍蓰什百千萬將如齊邪且雖人與物並天地開由神農以來禁如此自人之等並而賦之上至于君公下逮庶民至（即上並耕之倍陪出錢之說）不齊矣上誅君公之貴以下齊于賤隸之嫌而貴賤同乎上下同識者必曰非人情不可訓準乎人而有精物亦自然彼其繁于天產于地材于人長短互存輕重雜置多寡同設大小各出者物也天有時地有氣人有工短不得閒長輕不得更重寡不得效多小不得加大（何非偏以成制此更齊其實傷似說）者情也物也者大共之名以至齊命質者也物之情也者大別之理

以至不齊庶物者也故精粗其情也齊粗于精者而不情即齊精于

精○粗○美○惡○齊○不○齊○

精者而衡然不情無他無以謝夫至精者也美惡其情也齊惡于美

三○股○所○以○不○齊○

者而不情即齊美于美者而衡然不情無御無以處夫至美者也形

二○股○方○領○無○數○字

具而情生萬物一情也乃即一物而前後之情變若同形而異情萬

物不一情也乃即一情而高下之物頓然分去數之始一而已兩于

倍五於雜錯綜于什伯究極于千萬始僅不齊之致矣識與于爾五

都之市為日中之濟或需者紛雜而行道不顧或觀者大息而去人

無言或時地偶異而微貴微賤或術業小殊而貶奇取贏自齊之者

[illegible]○便○作○何○十○萬○六○字○無○情○無○勢○者○有○[illegible]○[illegible]○[illegible]○雅○

[illegible]苟倍雜而已然矣寧責其什伯之出其後之寧責其千萬之出其後也

自不齊者論或倍蓰而已殊矣不什佰而情烏能已不千萬而情人
烏能已也蓋泉布之流與食貨之志若此類難更僕數吾意有識之
士必將葦其良楛平情以還造物之權別其工拙類情以示用物之
智是調而和鈞之遺意也胥師市司之所由設也不齊之所以為齊
也令同結繩而天下治剖斗折衡而民不爭推之將必使尊而殿陛
億肯以誅論民果而野人伉容以示卑爾齊物者固並耕之權與也
如夫物之齊齊者何哉
有古色有雋味脫盡時蹊　原批
其氣甚清俞以本色行文不逞議論不加點染而整散長短錯綜

入古吾友劉子專乘極賞此文、然他作惜亦不多見也

夫焉有所倚

至誠有其自然者、而能為不可及矣、夫有所倚者、其誠未為至也、而能出於自然者、是無所倚也、此之為至誠、今夫人有所歉於己（扶出倚字根由）而後思所以足之、有所虛于中、而後求所以實之、艱難勞苦之餘、而吾之自中出者、已不知幾竭其神明矣、而至誠之經綸也、立本也、知化也、人固不得而測、爲可測者迹之所爲、而不可測者神之所為也、即己亦不得而知焉、可知者有意之所為、而不可知者、無心之所為也、吾蓋想夫至誠之倚者也、而孰是其倚焉者乎、吾蓋想夫至誠之有所倚也、而孰見其有所倚者乎、今夫人之用其心

也不能懸揣而用之必先所憑藉焉而無窮之心思因之以起則
心之用雖百變而要不能離乎其宗是故倚亦學者之所不廢也
緊倚字親切
而求至誠之所倚而無有則是出之于心者并不倚之于心也人
之用其力也不能凌虛而有也必有所依據焉而無窮之功力恃
之以生則功之用雖多方而要不能外乎其所主是故倚亦學者
陸爲倚字以振起無所倚
之所必由也而求至誠之有所倚而不得則是形之于力者并不
倚之于力也蓋倚者己之量有不足而不能無所依也依于欲而
其能爲欲所累即依乎理而其能亦爲理所膠雖倚理不同于倚
欲乎然而均之倚也凡倚者道之宜有難協而不能無所偏也偏

於虛而其能為虛所蔽即偏于實而其能亦為實所拘難倚實不同於倚倚虛乎然而猶之倚也至誠者從容以中道者也何思何慮亦如太極之包含萬象而不見有能舞作為之跡至誠者從心而合矩者也不思不勉一如太虛之宰制萬有而不見有回斡運用之勞定理之所流形沛然莫禦何所資于物而藉于人功用之所發見自然無阻何所事于学而事于慮由是而其經綸也立本也知化也更可想矣

（以倚字形起無倚）

（何謂當[illegible]然而出來為有倚語）

朱子云聖人自然如此如若是學者須是靠定一个物事做骨子方得故倚字發得出而無倚更襯得警醒　韓慕廬先生

夫焉有所倚　　　沈中尊錄利一名　尤　侗

至誠之能事不斷然而然也夫倚而能烏乎誠至誠無之故能天下之能而若無能吾讓之至人無己聖人無名神人無功所以者何己則私名則華功則驚私也華也驚也則倚三者去然後蕩方百發消搖靡定我獨慷慨遺物而與道同出其惟至誠乎經綸如是立本如是知化育如是于是奇至誠者曰亶聰明自天賦則至誠倚天乎然吾求至誠于天中而天歸索天于至誠中而天又隱于是淡至誠者曰務時敏在人修則至誠倚人乎然吾徵至誠于人中而人見跡人于至誠中而人又泯蓋至誠不天而因不人而

尤西堂傳稿　　中庸

光西堂傳稿　中庸

何長尚無某廣出字有可殊特兩

成夫是以倚謝而能存倚生于有々倚質々倚名々倚象々倚變

家之見

至于變而倚紛故知玄知默守道之極以道倚也維寂維莫居德

之宅以德庸也至誠不道也不德也陳厥常復厥性奠厥高卑雖

鄭擁而風俳反叟而語極

入于有不滯于有遂綿杳清遐而返冥極也倚來于無々倚虛々

倚心々倚理々倚化至于化而倚固故恍兮忽兮其中有物以物

倚也忽兮恍兮其中有象以象倚也至誠無物也無象也典已悖

命已正清寧已貞本出於無復歸于無乃遼廓孤遊而絕登陟也

空然者內乎曠然者外乎神明無規矩何高曾之可奠誰之皇建

栢仁縱猷未嘗形其偏黨則至誠無倚內亡內也外亡外也所以

仰參倚兩天地嘗有倚至誠之時而至誠不借以自助靜然者始之純然者終之天姿無律度寧文法之是守極之賢懋修聖作則未嘗滓其清虛則至誠無倚始忘始也終忘終也所以受書訪範萬物皆有倚至誠之精而至誠不飾以自文是故前不見古人後不見來者惟至誠之全能斯獨尊天下

與峭岕紀寒旻極淵玄冥聞之參寥參寥聞之疑始　沈旭初原評

落落莫莫吾畏其傲蕭蕭肅肅吾重其寒

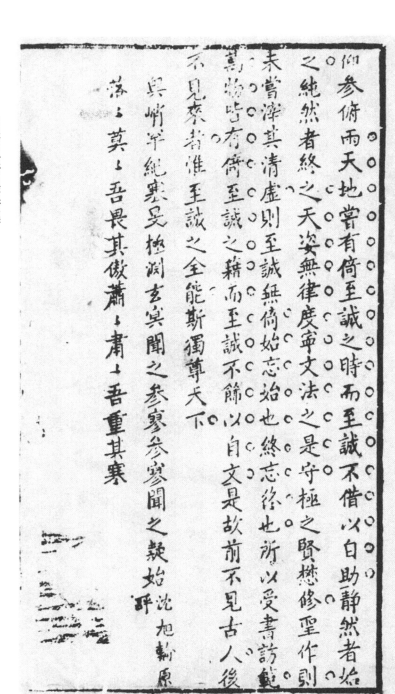

夫焉有所倚　　高作霖

想至誠之能無可擬其倚矣夫能必有倚而至誠無所倚求其倚
而不得益可想其誠矣凡天下之能倚於中庸而獨謂中庸不可
能正以其能之無所倚也夫以能之來易勝即竭心力以從尚有
不逮乃無所倚而能之乎以惟天下至誠矣情形之合必假彙以
成而天下至誠無可析也物我融洽何嘗有天下倚識之倚天下
之際才識之用必相因以出而天下至誠無容聯也性命凝一何
無內無外
嘗有經綸倚本之倚化育之端其方寸無倚者其觸境無倚者也
天真未滿私為之間耳有私則有餘無私則無餘夫焉有物焉補

繫於外以佐誠之不逮也。其本來無倚者，其究竟無倚者也。真倚不逮，妄為之乘耳。有妄則有盡，無妄則無盡。夫焉有物焉留滞於中，以為誠之托徑也。夫人務雖宏，皆在我身心之内，非謂恃勢適逢始著。其於彝倫也，夫齊慄以格頑，紹述以通變，何所恃而為此乎。神理離玄，皆在人心目之間，非謂朕兆希微，借助於神功也。夫未發以觀天心，觸目而成化理，何所憑而若是乎。孟嘗以庶物論之，其有所倚者，形器之必敝者也；其無所倚者，生氣之滿盈者也。物且有生天地之理，原未嘗倚天地而生，誠皆自足耳。至誠充其自性之量而已。又嘗以群生論之，其有所倚者，嗜欲之必竭者也。共

無始無終無倚方道個言

只就上文略寫實神理自見

振論以兩比行

無所倚者天理之洋溢者也有聖人出而盡人之性然不可謂人性必倚聖人之性而盡誠皆自得耳至誠脩乎自得之妙而已肫肫淵〻浩〻庶足想其自足與自得者與

以偶嘆之神寫微至之理跌宕淋成讀之意遠

夫焉有所倚

嘉慶庚申[illegible]喻先孝

無所倚而能其能乃以獨見矣蓋倚而後能能事猶未畢也至誠焉有此乎此功用之所以大耳今夫無所倚于物者道之妙也顧道以無所倚而妙而誠亦以無所倚而暇著其用而不存乎迹遂乎化以自得其功乃知能事之獨見乎天下者皆其能事之獨神乎天下者也經綸立本知化育至誠之能事如此誠本自有其能能已即誠而具由誠以出而能乃著焉能之自著即其誠之自行此以知中道之本乎從容也誠非積漸之誠能亦非偶得之能其誠既至而能斯絕焉能之斷絕乃其誠之純精此以知妙用之動

于神應也頤或疑至誠亦有不能無所倚者彼夫大經太本化育之所在古之人有經綸而立之知之者矣然而子臣弟友以倚言行以踐其實喜怒哀樂以倚戒懼以致其中矣時水土以倚律襲以善其用此至誠惟有所倚乃見至誠之有所能也而不知至誠之有所能正至誠之無所倚也存意之謂倚非盡慮因心也理之本微思慮通之乃集是以請于微焉而至誠無意以通一時之大意則其意非倚物以自見其能以非倚物以為功試思聖人純之修通神明之德合陰陽之撰非因此以作之則舉乎人有意而至誠無意夫焉有倚乎思慮也有無之謂倚非蓋勞苦艱難迫事

清老透闡洞徹本原

之所阻勉強致之乃術是以根其穆愿而至誠無為以成一己之為則不可以有為自至誠自不可以有倚矣至誠誠思五品各著其則一必自植其節而儀悉通其執熟非自然而止于待者與人有為而至誠無為夫焉有倚乎勉強也雖由所倚以至于無倚亦可以馴致其能固不得謂窮理盡性至命之業誠之者無俟勉進其功修而竝所倚自無容乎倚孫順其性所固有斯不得謂至精至變至雜之功自誠者猶必強擔以入聖此盡誠功用之自然也而其體可想見矣

理游精瑩筆無纖翳　孝華

兩科墨選

筆與氣清卸然入理絕去模糊影響之談　李參評

夫婦之不肖

焦袁熹

有以不肖稱者亦未始非夫婦也夫愚猶可言也不肖則已甚矣然而此亦一夫婦也以視愚者將無同焉夫子之歎道也言知者則必及賢者言愚者則又及不肖者賢也較愈于知可知也則不肖之較劣于愚又可知也論道者何無乎有此人而猶不曰君子之道費乎論道之費則不特視愚如知也而且將視不肖如賢矣何則天下之人以夫婦盡之天下之夫婦不必以愚盡之有夫婦之愚不有夫婦之不肖豈凡賤形者爲肖而是夫也是婦也特其具形已耳烏有所謂賤也彼其于賦形之理真無似也凡盡性者爲肖而是夫也是婦

常語却奇

肖字便翻出虎手

也特具其性已耳烏有所謂盡也夫其于虛帷之故真不類也乾道
從夫揭制高虛本節意思清澈
成男而正位乎外所以肖乾之健而為婦之倡者豈徒曰夫焉已也
而試問饗獻之間有夫焉其所為肖乾之健者若何也則幾幾乎不
成丈夫者矣出而作入而息以是為刑于寡妻而已矣坤道成女而
正位乎內所以肖坤之順而惟夫之隨者豈徒曰婦焉已也而試問
井臼之間有婦焉其所為肖坤之順者若何也則幾乎女而不婦
緊批句句恰好
者矣朝而饔夕而飧以是為無違夫子而已矣婦而無閒也或者其
夫之役役有以為之綱乎乃為之夫者固天下之至拙也士有百行
五字
而夫則何有固不得獨擅其婦矣以不肖之夫而率彼不肖之婦則

可謂佳耦者乎。夫而不才也，或者其婦之雖有以為之助乎，乃為之婦者，又天下之至鄙也。女有四德，而婦則何有，又不得獨輕其夫矣。以婦之不肖而益成夫之不肖，則可謂同心者乎。有婦之愚者焉，彼亦自有夫也，而之乎之不肖亦愚婦之所樂得以為夫者也。其器固相當也。有夫之愚者焉，彼亦自有婦也，而此婦之不肖亦愚夫之所樂得以為婦者也。其德固不臧也，特是不肖則不肖矣，而未始不肖形乎宇宙，謂不肖者之不肖乎愚夫，不肖乎愚婦焉，然乎否也。不肖第不肖耳，而未始不肖貌乎陰陽，謂不肖者之不肖乎其為夫不肖乎其為婦焉，然乎否也。

（原批：滿□皆是）（又合上文）（照盡變）（叢）（與前）（踐形盡性相應）（與前肖就少□沖相應）

此曉先生評云佳在點切不肯二字互文四股類黨已煩粘題能乃爾則剔才固不可掩使他人効之則不復似其入雅矣此韓子以文為戲晉公斷斷不可弛入歌之褻萬非所當至若以文為戲則計居七八敬録是篋用識吾誠蕩後生之過　自記

以形慕性二股之字合寫乾道坤道二股之字分寫婦而無間四股之字又用互寫互寫中又合上文愚字寫出處處以肯字粘合道字而以不字收轉更不可一字移作夫婦之愚奇雅是飛仙之筆不從人間來

夫達也者 一節

己未 馮成修

聖人言達之實德修而人自從之者也夫德未有不足以感人也合内外人已以致其功而邦家無閒所謂達者固如是乎夫子以之示子張曰天下之人情無險夷也無順逆也其行或不得者大約皆我躬之有未善耳子以聞為達而不知其非則吾之所謂達者果何如乎夫達也者功專於為己而自身不及之地惟恐有一端之未協省稍貼其躁修學謙於知幾而人我酬酢之閒常虞有一念之少乖者偶飛其防檢以言其居心則質而不華也直而不委曲也身世浮偽之端克治不遺餘力則天真不壞矣然或樸誠自

矣保然有忠信失於愚言行流於固者乎故又必所行好義而蓋
權常變使其慾合於正道焉以言其接物則察言必審貌達也觀
閱歷世事之言
色以視向背也情欲愛惡之際謙驕不爽毫釐則人情可識矣儻
慮遠周折處之深沈者
哉賢智自負不淺於才焉為世之所震氣盛為物之所尤乎故又
必慮以下人而滿志矜情使其屑化於無有焉斯則德之修於己
邊矣精圖
者道愈積而功愈深切何敢有懈開動眾之意然其誠之動於物
者心相同而理相洽隋在皆徵儉隋見遠之機奇而在邦則必達
於邦也豈陛群之為腹心黎元戴之為父母上下交而德業成經
精光四射
綸匡濟之事可以四達而不悖矣時而在家則必達於家也閭提

奚深愛之容手足篤天倫之誼庭幃順而骨肉親家食為歟之風（譏予至饒舌程）
可以施行而無阻矣行道有得之謂德德之盛者雖豚禦亦為之
孚服而況於賢人君子之儔真實無妄之謂誠誠之至者雖天地
亦為之感通而況於血氣心知之倫夫所謂達者蓋如此子欲達（句句妙）
可不求達之實而務致其功乎

評層寔詮無一處偷腔換氣文至此方可云判淨塵氛獨存精
液風格在定字爽暢爾 鄭會層
渣滓盡去清光才來制藝中最高之境 紀曉嵐

夫道一而已矣

圭臬集　莊肇錦

道無異道，斷以一而□□□一無二道，豈有二。揭之曰道一而也，善之說盡矣。世□設何哉？且以氣稟之不齊也，清濁純駁紛紛若是不一矣，獨不執此以論道，蓋道之大原出於天，天不變，道亦不變，以一二人之道證之千萬人而不必有殊，即以千萬人之道驗之一二人，而初無或異，各具乎道者，實同具乎道，而言可以揭其總，亦一言可以定其歸。世子疑吾言，得毋欲吾之旁參一解乎？或欲吾之別持一說乎？是不明夫性，即不明夫道也。吾試與子言道，告杞柳而道，人喻告湍水而道，以泳言食色而道愈離矣。夫性若並失乎道，而不知皇降無

私合智愚賢否而胥歸陶鑄道所以分安勉不分偏全也惑於
虛無而遺以溺組於利欲而道以汩留於隱性而道愈歧昧於
性者並昧於道而不知秉彝有物號尊親貴賤而咸受範圍道
所以分勞逸不分同異也然則道之為道豈有他說哉一而已
矣試陰此陽斯人不免參〻[illegible]此有不一者降才之或異
而道無不一者降衷之[illegible]人人不失良知之意明其為一
而孩提無間於老成[illegible]亦有舉義之曉明其為一而途人下
𨽻於學士蓋宇宙無異性即無異道世而有知道者吾得即一
以衡之世而無知道者吾更得舉一以示之而豈有未定之論
哉知誘物化流俗或多岐出之遙然習有不一者後起之偏私
而道無不一者本然之懿美也天亶雖稱神異明其為一而聖

皆不必有所增輩倫雖屬顓蒙明其爲一而庸愚不必有所損蓋古今無異性即無異道道之得存於昔也吾可援一以證之道之不泯於今也吾更可即一以決之而豈有未盡之旨哉是故即道而精言之堯之欽明舜之温恭其無異道固也然前有千古者此道後有萬年者亦此道斷之以一而高明可自反其性始推暨亦可自悟其性真即道而廣言之堯之親睦舜之克諧其無異道固也然生焉安焉者此道復焉執焉者亦此道斷之以一而若公可自識其性天儲貳亦可自葆其性體夫道一而已矣又何疑哉

五十以學 執禮 曾炳

聖人以經垂訓其學與言皆教也夫教原于學而著于言由寡過之易以及詩書禮夫豈有殊旨乎且夫書有六經聖人脩已之書也而所以誘掖天下偕之大道莫不凜然具脩焉一經有以開諸經之先諸經總不越一經之理精其理詳其說後聖人之心質之前聖而皆合也粵稽生民之初卦畫未形象占未設厥時野無謳吟朝無謨典往來酬酢無所謂大經小曲也迨乎中古非復結繩之舊矣所恃以彰往察來俾生民不迷于吉凶而知所趨避者莫先于易我夫子于他書或刪或訂而于易獨有以贊之指蓋深見夫易道之難以語人盡而其學非可以旦夕究不禁喟然興嘆曰作易者其有憂患乎合

數聖而共為一書則義精而其言常簡先天後天理數一矣古聖人
文明柔順雖蒙難不失其正焉于是詩懷明德書美[illegible]謨禮辟閑泡
無非此學易之心通之也而豈獨無愧于君臣統六爻而始成一卦
則理悖而共言精繁首乾首坤變化備矣古聖人風雷疑謗雖遭變
不失其常焉于是詩頌碩膚書傳夾輔禮秩典法皆備此學易之道
廣之也而豈獨無慚于兄弟子曰可以無大過而學在是者數何況
不在是執乃或以為易有取于擬議形容是比興賦之所從出也大
衍之數與洪範九疇相表裏而天尊地卑又即所以辨上下而定民
志者也為詩為書為禮義卑僭焉則予所雅言宜在于易然而溫柔
敦厚詩之學也疏通知遠書之學也恭儉莊敬禮之學也夫子于其

所宜學者以宣之于詞則削行不外是矣學詩而性情得淑焉學書而治亂得辨焉學礼而持守得固焉夫子于其所不可不學者以垂之為教則啓廸在其中矣然則夫子何以不雅言易乎曰善易者不言易易之可學也而不可言也況于詩之失愚則詩不能以無過書之失誣則書不能以無過礼之失煩則礼不能以無過夫子曰吾雅言而門弟子可以無大過此物此志也

學易是聖人身上事詩書礼則諸弟子所共習者為學為教兩截分明此獨于學易中見詩書礼之蘊即于詩書礼中見學易之旨彼此聯絡精義畢備洵是胸有萬卷筆無點塵　揚文子

五十以　曾

五十畝餘夫　浙江校士錄　楊智水

以五十定圭田之制而情更深於餘夫矣夫五十畝之圭田所以厚君子也彼餘夫者不更野人之宜念者耶且先王計畝授田制祿以養君子而草野亦寬然其有餘焉乃問疆理之南東饗祀更資乎教稼而校夫家之衆寡丁男兼察於編氓蓋上之爲子孫厚其祖宗下之亦即爲父兄籌其子弟矣如卿以下必有圭田者曷故誠以士之子恒爲士猶農之子恒爲農苟無圭田則無以致其馨香之潔而盡其孝享之誠雖然豈獨無定制也哉或謂大夫三廟官師一廟似圭田宜稍示等差然春露秋霜共茲悽愴則錫爾者不妨從同也任土在近郊之域而畫區

同土地之桑概以五十畝亦示一人之餘惠而已或謂家邑任稍地小都任縣地以圭田亦可準常祿然黍與、稷翼業慶坻京則外此者自應從減也歲取遂十千之多而疆場分一夫之半限以五十畝已屬格外之餘恩也已是五十畝之制非所以厚君子哉顧吾嘗讀楚茨信南山甫田大田諸詩說者以為公卿力農奉祭而農夫亦頌美以答之也雖五十畝之圭田不詳而其言俶載南畝禾易長畝皆賴乎農夫之克敏然後先祖是皇焉至其所以厚農者一則曰烝我髦士再則曰穀我士女想其時一家中婦子相依少長咸集蓋莫不仰賴於君也然則簋簠之實既為其臣計饔豐豈衣食之謀獨不為其民稽幼壯乎是故[illegible]野者於夫三為屋之內更計及於餘夫上地家七人中地家人下地家五人而餘夫則追隨主伯之後饁餉而外身有餘暇矣以彼既未横經必學負耒豈其弱不更事狃童心而甘遊惰之譏七十以上上所養十歲以下上所長十一以上上所强而餘夫則甫踰成童之年操作能勝人有餘力矣以彼身殊羨卒役僅追胥豈曰少不如人忘稼穡而議父兄之廼夫卿大夫之庶子曰餘子律以支子不祭之文固不得稱曾孫之穡曾孫之稼也若農人之餘子曰餘夫此亦誰弗能服先疇也者子之二十五畝蓋半於五十畝圭田之數云此先王之厚君子而兼厚野人也

根據的實手眼分明

五旬而舉之

計日而舉、舉燕寔易矣、夫燕非小弱也、與以五旬、不計日可待耶、告孟子曰、寡人不意凱齊之遽奏也、自興師以來、竊恐經年而不下、既幫勝之為笑、卽或浹辰而克都、亦勝之不為武、乃何以廻憶師期、而燕之授於齊者、竟若失其萬衆也、如燕齊匹也、而寡人、伐之以不腆之敝賦、釋憾於大國、則敵強而退、彼易水之上、豈不足頓吾五都之兵也乎、抑申儆其軍實、遠略於雄封、則圍軍以待、彼無中之地、豈不足老我三軍之師也乎、而孰意其與之也、夫舉之亦正難矣、五伐猶可以戰國臨小、尚懼有伏焉、況大國之雄倒乎、

擬與古冊文　　孟子

擬奧古冊文

且召公之遺澤在人既甘棠備愛之矣寡餘禮之不能合而不祀

之怨謗也三駕而不能爭交相待吾知其魏也況越國以鄙遠乎

且碣石之河山如故則秦衆其足爲矣寧背城之不可借而恃隨

以不備也乃不謂燕人然而以啟門無候水潦之降我軍取旗以

登城遂循風雨之解功、成、一戰特、僅、五、旬、云夫征苗楚師循統三

前之造如鋒隙振旅旋旆脩七旬之來格苟如寡人之師徒不勤而

可以護城也固已事半而功倍矣抑伐崇因壘尚有三旬之懷貳

闔鄭守陴亦俟旬月而有七誠如寡人之整軍經武而滅此朝食

也止餘喉城之三日耳且築室反耕已還延於九月而未殺城

孟子

下之盟使寡人成師以出而盡若五旬之驟勝則益以閩宋之[illegible]
已不雜六王之混一矣柳舍舟濟瀛吳必長驅於五戰而遂收入
郢之功今寡人見可而進而亦有五旬之告捷則較諸破楚之師
是誠非一月而三捷耶夫寡人何以得此於燕哉如謂師武之力
則藉人守險何至九原之失守乎意者如天之福故齊師掠地未
聞一矢之加遺也

雋絕 秀整 風致

巧深刻人自思

不刻劃五旬泥以速字代之縱鋪敘左國要是捭書人徽琛也
舉之不坊欵觀亦無非滅國餘語且易涉纂畧氣矣文獨奇巧
工麗罔知一出天孫之手非復尋常織杼也

拷典古雅文

五旬而舉之

觀取勝之速齊王若有厚幸焉夫五旬而舉燕偉也齊王以之自
矜王心驕矣若曰世主爭雄天下雄則兼并包六合之器碩勢所
難為常蹤回而不能自必則所難於成積久而來必有成從未有
以動數而奏膚功邇強鄰而燕速致如今日齊之于燕皆謂齊能
乎齊弱而燕不為弱則齊與燕並強矣謂齊舉燕而燕不為
寡則齊與燕均眾矣以形而言赫赫燕都幅幀之廣如此也故謂
長驅而入雲中之地以勢而言奕奕車騎甲兵之用如故也敢謂
一戰而燕督亢之圖況以理言齊也猶雄泰岱燕也世守薊丘雖

墨榕文　五一

觀之長豈能越國而攻遠乎抑以理言齊以大公之勲表羽獻于東海而燕亦以召公之澤沐遺愛于甘棠雖內難可乘豈遽瘝此而朝食乎故寡人遣將而出師私心竊自計曰技擊先行聊以擴我國也否則班師振旅以為後圖即諸大夫伐鉞以臨戎亦必相顧而謂曰克則君之靈也不克則請濟師以俟再舉誠以燕之為國固不易攻即攻矣而未必舉即舉矣而亦必動經歲時也孰意寡人之軍不再試也車不再駕也臨淄之甲不煩再披擊刺之盛無俟更圖也師未及老糧未及匱敵未及守而召公之澤翦焉顧知之險失焉所謂勢者不可憑而形者不可恃矣所謂理者不可

又、就、齊、況、燕、時、兵、寫二股

前〇六〇備〇從〇緊之〇反〇面〇對〇二〇段〇又〇馬〇五〇句〇做〇艷

又〇束〇上〇八〇股〇緊〇淺〇好〇下〇轉〇筆

將〇前〇面〇反〇筆〇盡〇力〇翻〇轉〇暢〇三〇行〇負〇已〇有〇一〇大〇字〇為〇十〇二言〇矣

食〇古〇而〇化

深而情者雖逆料矣迄今逖建旗設施之日以及奏凱獻捷之時
點情　歸結到天字
蓋不越五旬而舉之也嗟乎孰謗其裏而假手于我寡人乎
前將燕之雖勝反寫六段為舉之做襯次又就齊伐燕之易亦
不料其來之如此其速為五旬做襯然後將前面反筆一齊鋤
轉寫得意外欣幸正不必讀到下句而口角間已隱隱露一天
字矣

五句而舉　二句

浙江婁宗師歲考　孔傳忠中式
桐鄉一等一名

計舉燕之期若有倖于人力之外焉夫五旬舉燕非人力而何以至此而齊王若有倖心何歟若曰寡人之伐燕也未嘗刻期以成功而寡人之勝燕也不費計日而奏績既非我主而彼客亦豈恃堅甲與利兵此誠近古所未有抑亦始願所不及寡人（張云[illegible]）蓋竊有幸也以萬乘之國伐萬乘之國此誠惟力是視之時也抑恐人力猶未足恃也寡人于是重有感焉昔者長于帥師尚輿尸于行陣元戎率止亦屯旅于新田即或六國共攻猶且叩關而不進繼令三男並於何遂轉戰之無前而孰意事有不及料者大軍甫至固已

歸命于師中前途倒戈無條頓兵于城下惟燕人士無鬬志民無鬬心故齊人不煩一兵不折一矢接車于說芙之側飲馬于滹沱（張云豈句且立）之河功無勞于再舉時止屆乎五旬我聞在昔有苗弗率而干羽兩階猶待七旬而來格崇墉致討而因壘而降尚俟三旬之修德然而強弱異勢衆寡殊形以今揆昔寡人實有幸焉何也燕非小弱也非卑兒不利于齊而鬬士少于齊也燕山易水勁卒所饒碣石薊丘精騎所萃百里趨利勞逸窮恐其不如曠日持久虛實先尽于敵国幸而小勝猶懼大国之有伏其或未能豈能齊此而朝食而孰意其至于此也緬維今昔所稱有不戰而屈人者有一月

而三接若要皆夸人之辭張皇之語耳而寡人不謂身親當之于是質戰勝者咸歸推轂之功飲策勳者下及偏裨之士洵知是也今而後秦楚可朝中国可莅直期月間事耳寡人思之是豈人力所能為哉抑又思之古者戊午之朝甲子之期其功成神速不常寡人之五旬而舉然而外之則有友邦冢君遠之則有微盧彭濮豈若爭雄而大克敵一朝如寡人之勝燕者乎謀夫孔多是烏知天意衆言朋與願質諸夫子

古峭之中機神流動不嫌排句之多　原評

全用戰国策文字妙以排体行之筆健而氣蒼讀之如潰癰闢

天下直省宗師考卷超

[illegible]頭真容宗師考卷趙　五旬而[illegible]忍　上[illegible]

露布張月容

艷似歐蘇四大妙在悉能轉換討傳一

五旬而舉之　二句

廣東惠宗師歲試　新寧縣學一名　梁作屏

舉燕之速人莫之為也夫齊之五旬舉燕燕之自亂非齊功也乃宣王以為非人力所至是誠何心哉且談兵者輒曰持重為老成不則曰神速以趨利此人謀之臧以制勝之道也乃有時得之我者殊出意外之期舉諸彼者亦非計慮所及此不期然而然者幾有不可解者矣如寡人之於燕也以萬乘伐萬乘主客之勢既不相如憂國者曰師老矣可若何屹峙而雄知非若偪陽之取以七月三年時五旬其期近在七日務適之形又復頓異料敵者曰寇深矣未可急圖相持不下或且如鬼方之克憊億且待三年乃我之車馳而馬逸若渡易水掩雲中入其郛

浮其君露布甚傳較之甲子之期爲已捷彼之轍亂而旗靡者指可
擲戈可倒袒以內衙以肆凱歌早奏視彼陽樊之圍爲多事五旬而
戮誅賓至此垂五行一將軍十行一裨大夫稷下之甲雖雄長城之
（二比故作寬勢）
兵未少弱也伍參之兩偏承彌縫萬弩之發我雖可以乘人要害之
（以逆擊人力句）
鈍彼猶足以老我也乃胡爲督亢之富彊至此而槩無所用矣金臺
之重士至此而一無所効矣取之若奇疑早有褫其魄者亦不料鷹
（妙）
揚之偉烈至此而彌神其變化也東海之雄風至此而彌壯厥大猷
（陪襯典切）
也不日功成若早有赫厥先聲者五戰而入郢也平王實貽伊戚而
今之至此豈等伍員之復仇馬陵之阻隘也龐涓實隋吾謀而今之

至此非問孫子之良策雖時將帥與士卒相顧愕然而不知為誰之力即寡人涼德亦安能制勝千里如響應聲神速至此哉其為天意所在無疑矣夫子但策其取不取可也

精采堅凝　原評

純以健筆傳神下文共字直接口頭　瞿直穀

五旬而　梁

○○○五穀不分　而芸

欲以農業淡用世之心責之而後自為以示之爲夫五穀非不當分而以責之子路則過矣乃丈人既警之而後植杖而芸殆示以長為農夫以沒世乎凡吾儒生當叔季日皇皇於道亦欲出而分民物之憂憤久大之續不顧以杖履優游從事於畎畒間已也乃高蹈者流往往不諒其心欲以一己所為之業責吾儒以必為君子觀其言考其行事未嘗不悲所遇之不幸一至此也如丈人承子路之問遂以四體不勤責之噫彼亦知子路之所為勤乎所種者道德所穫者

意致軒昂法度清

暴

詩書朝乾而夕惕何嘗春耕而夏芸也日就而月將何嘗耕雲而芸

兩也而且師弟之相依几杖之追陪何會越阡而度陌同井而力田
也以視夫胼手胝足者勞逸相去何如耶若然雖有荏菽置而不問
可也雖有麻麥棄而勿講可也誰謂讀書談道之子必亟亟于五穀
之分哉乃丈人則已深諷之矣曰斯人也其亦知五穀之重乎勳華誰以易之
未就不辭歷山之舜此分五穀者之已事也予獨何人而嬉遊以終
以人易角老乎琴書劍佩之際消耗精神亦自荒力穡之歲月矣三聘未加依
然莘野之志此分五穀者之前型也予獨何人而閱歷以馳驅乎齊
陳楚蔡之郊風塵勞攘亦甚失耘耔之晷諸矣且爾之皇皇弗釋者
大抵為爾夫[illegible]思也而吾謂使爾遑遑弗寧者大抵為爾夫子是

憫也倘爾今日於海皆農之自安欲進而結伴侶於田家則孰為主（落下）

（竹勇）（妙語）

伯孰為亞旅孰為至親之田畯孰為饁餉之婦子我固當備詳而悉

數之者猶是夫子也則爾之所私相奉者也則爾之所創為名者也

亦孰得而測其為誰也哉已矣從此辭矣彼丈人者獲何言哉後何

言哉乃丈人則大有心人也若欲示以用間之足樂而一丘一壑之

外無多事也吾欲諷以作息之可安而載芟載柞之餘無他業也若

（運筆新，風檣陣馬，共鎔吳馬）

欲以東作西成之衆息征人之車轍而閑閑桑畝可念也若欲以于

耜衆耕之勞淡志士之雄心而洋洋衡泌可甘也伊想其時遂植杖

（探驪得珠）

而芸焉不聞勸辟世一言而露體塗足自明其淡泊之致不聞進招

隱之歌而荷鋤秉耒聊寓其玩世之情較之楚狂沮溺不更高一等
乎此誠於五穀而能分者也於四體而能勤者也其言其事不大可
合歟子路于此將何以為情哉

筆陣縱橫光芒四射如龍泉太阿精氣自不可磨滅　原許

五穀不分　　詹胤昌

以辨物責贊者老農之（主意）隱語也夫人即至愚寧猾于分五穀其責之以辨物者其勤之以識時乎且衆人以治亂（倫分字）分行藏而聖人以行藏分治亂非好勞也蓋以天下（奇而題）為百畝以萬民為五穀其不分也者有分者矣何哉丈人之于子路一似嘲之一似勸之正色而言曰予知有爾夫子耶吾知有吾五穀而已予謂是五穀也（提出正旨）而易分耶竊謂下農之所分者物類也中農之所分者物性也上農之所分者物理也非天時與人事相參必不能成此美種非識天時與斯人事相合必不能分此美利（此借時勢影明本題）予嘗觀政于朝則田彼南山蕪穢不治是朝廷之五

穀不分矣而獨欲以一手一足代衆耒之三推是違時矣予嘗觀風
于野則莠之壟畝莫蔓難闢是民間之五穀不分矣而強欲以不溉
此從本題推到○時事
不穡撓卒瘠之氣運是助長矣試思夫宜寒宜暑宜燥宜濕五穀皆
一○分○寸○銖○黍○如○許○銖○論
有不分之未黄引而伸之香也分于秦也剝之分于稷也盡如此矣
而尚賅務也耒耜之殖也稼之藁也五穀皆有不分之人工類而推
之分之分于用也滯之分于身也盡如此矣而尚泥迷也乎一分謂人
醫○卑
力可以奪天機節候未至即神聖不能施有相之經綸則想現前之
嘉禾便可據消息盈虛之數而宜藏而生恐造物不受其顛倒矣謂
周芥可以收旨矣乘未動即良農不能為無因之所成則就尋常

人家事便可悟進退存亡之權而不耕而食恐物理不受其紿誣如五穀可無分也則歷山草野非耶千芸人之田吾自芸其田世道雖榛蕪終不越隴畝而代之矣

雋妙奇切

雲霞璀粲風雨奔馳真奇觀也

五穀不　詹

五穀不分

蔡　醇

老於辨物者、不能免老農之譏也、夫子路之所分、當有大馬者、而豈五穀之謂耶、而丈人譏之、則謂夫人之當有所從事也、失其所從事者而深之焉、則知識所係、蓋舉目之間、而吾知其茫然無以應者有矣、四體不勤、予竟安之耶、吾之為此民、以為五穀升耳、蓋惟童而課精竭終年之作息、而後得此穡業之藝也、亦惟于耜舉趾、盡一生之拮据、而後悉此穎粟之觀也、苟非遇天時與人事相參、必不能成此美利、苟非識天時與人事相參、必不能分此嘉種、今試觀寒暑之異宜也、燥濕之異性也、則有必分之生意焉、予固習而甘之、不知其何自來也而僅以為五穀也如使予從而别白之而覔儀儀矣又試觀穡殖之以候也蒔蓺之以節也則有必分之人工焉予同安而事之不辨其何從生也而槩以為五穀也如使予取而剖斷之而終惘惘矣勿謂人力可以奪天工節序未至即至聖不能離帝相之經綸勿謂鹵莽可以收後效器用未備即良農不能効無囿之智巧而且昔之耕田鑿井者為上古之風乎夫此日畝中甌窶滿篝汙邪滿車是亦今日之太和也而且思昔日之要屢豐穰者為治世之事乎夫此阡陌間栽黍與與稷翼翼是亦一時之盛象也而無如予之不分也予道途之人吾田野之子則亦各不相謀耳而顧以夫子詢

也。其猶有越䏻之馬也。夫

題本近寓言。岂真責仲氏不辨菽麥耶。文在此與之間。新詞麗句。

巧妙無兩。

五穀熟而民人育　　儲在文

觀民人之所而勞心下養者成矣。夫人以五穀為命，熟則咸育焉。

以養之成也。且古之大人勤勤下民，謀化以期其育而已矣。育萬物

○題○首○字○下○五○熟○字○爲○一篇○眼○字○以○穀○字○爲○來○脉

者天所降之以嘉種，行（？）其者承其則，以叢官益生食，總備天下。

而養民者亦以觀穀成也。樹藝五穀，而五穀熟，救民也。水患既去而陸

首以穀熟

御之壤盡辟，則溝洫地利以盡百物之新故，時無曠土，鮮食未急。

而降丘之宅無藏，然後盡人力以贊九年之蓄，故下無游民。于是

五穀熟焉。五穀熟而民人育焉。蓋嘗讀禹貢之書，獨詳成賦之法，塗

民人○亦育以觀下文補筆

以貢賦祭祀翻○跌

泥墳壚所以定爲上中下錯之等者，亦斷斷然有條矣。而即及納總

本朝房行書歸雅集　　康熙己丑

納結之制一似嘉禾之薦粵以暨公上者而不知足民而上及于君
原○批○絕○頂○議○論
則異同既作徐同其藝嘗以志其祈年之辭而五穀畢登一日再食
妙○與○股○頭○處○貢○相○映○發
之風不頻言而自見故烝民乃粒萬邦作乂大禹以揚于帝庭而奏
粒粢食之功必舉而歸諸稷則以其所生全者大也乂嘗讀生民之
詩盛稱肇祀之烈秬秠糜芑所以迄于春揄簸蹂之間者亦既形容
盡致矣而終歸于豆于登之薦一似黃茂之種專以奉神明者而不
雖○精
知成民而致力于神則始而穫蘇終而任負荷以明其豐裕之象而
五穀歲入一家八口之需自寬然而有餘散粒狼烝民莫非爾極思
更○接○合○聲○起○前○華○文○來○意○上○下○筆
文以頌于祖廟而陳常時夏之德遂以為配于天則以其所率育者

（雷不相聞者）（二比收足）

遠也生人之嗜慾日闢則府海官山皆役之以自給而作廿之土必以此為日用之常經君相之經營漸絡則重農積粟務殖之以自豐而閭閻之餘特以此全性命之各正焉守此餘之所勞勞于心而事覩歷成者也而豈一手足之烈哉

成賦盛祀軒然大波乃五穀熟內所含有議論然流于不言者所謂民為重社稷次之君為輕也力有可勞人有可食皆非勞心之大人致之使熟不及此文得是民而上及于君成民而致力于神二意作案于前後賓主經句無數正如一層散錢一齊穿却

第七冊　卷二十一

不曰白乎　二句　壬申　許邁

白者無畏於湼、由堅而更得其說焉、甚矣不緇較不磷尤難也、要非所論於至白者子故又為由亦之且世輒謂皎皎者易汙吾謂（者雲中之鶴）苟易汙焉則必非皎皎、苟汙不汙亦視乎本量焉或于汙我者屏之去而始免于汙或于汙我者聽其來而一無所汙苟余情之信芳又何嫌于世溷濁而不清也是故物不徒尚其堅也亦尚其白即不徒防其磷也且防其緇宇宙有百出之危疑自處于堅而屢（雋刻乃尔）物之有所損自處于白又濯物之有所加也究之屢潔者蒙其垢亦等于大璞之不完生平非一端之閱歷偶即于磷而失吾本然

之形偶即于緇又失吾本然之色也夫使涉流者亂其清而以為
白質之無登然則白之不便于涅者勢也而吾于此又得一說焉
米壽仲聰曹
涅之用取于柔非若磨之用取于剛也剛者以剛遇之而兩相拒
柔者以柔遇之而兩相迎矣至白者無柔不勝非必藉涅以顯吾
白斷不緣涅以晦吾白天之既定不得以人事雜揉之委靡美以
壁情　而意題情
從俗務未嘗為此態矣涅與白敵入其中非若磨與堅敵攻其外
也攻之者外足以相當而無不卻入之者中不足以相當而無不
受矣至白者中無所涗未經乎涅而白固無增既經乎涅而白亦
無減質仍其初不得以後來濡染之既姱修以為常固不改乎此

變矣且夫相混由於相近絲之治也而或悲其染帛之東也而歎妙論傾石驚題羅其行是先與涅以端也夫不曰清操之有素乎白熟引繩之墨緇故雖抵白之際將抱璞而為石之貞者斯懷清而為井之潔耳相蒙成於相贗圭之玷也而工人用其磨礱玉之瑕也而他山致其攻錯是先與涅為鄰也夫不曰素履之無慚乎緇既無容為染之剝白亦何必待光之磨易術以嘗試一塵不染者將故我自在而昭質無虧矣蓋至不緇而我乃自成其為白即涅我者亦遂矣信其為白而無他意也予奈何僕以不善不入之言相繩哉

誰不解借賓定主難得此文心隽妙如水銀撒地頁頁皆入使

我反覆耽玩。頓覺心花辦辦開也。柩臻五

不假繪染法。不露刻畫痕。自然移掇不動。必如此乃可云切。

曉嵐

不曰堅乎

茶陽祝駿聲

有可自信其堅者當為未堅者進言也夫不容輕言入世者亦曰質有未堅耳堅既可自信矣子能不為由進一觧哉且吾思藏身不固者宜自愛其身而未可輕言入世也若夫裕卓卓之風規剛方自勵懸峣峣之梗槩質稟自成則其天全其體裕使於此猶拘拘而自守焉吾不知其素所樹立者謂何矣如不善不入果不善之足以移人乎吾恐入之者之未堅也使其未堅也端凝豈著柔資荏堪自勵矣既純備之未臻豈得如圭而如璧果其未堅也圭角妄融如捺守未見含貞矣嘆委靡之不振何能式玉而式金夫惟

有振拔之神則挾持孔厚精理獨完不曰貞固可以幹事乎抑惟遠褻瘝之習則俗不致於脂韋時常形其勁節不曰強毅足以與人乎則堅者乎堅有成於性者也性異剛柔而於是乎分強弱夫堅非獨裕乎強者乎法乾之健效坤之貞涵養漸深而後誰不曰常伸於萬物之上者此也堅又成於學者也學殊純雜而於是乎判疎密夫堅非獨呈其密者乎不同外強而中涸自覺內直而外方精英倍著之餘誰不同特拔於流俗之中者此也若是果天下之善入者堅乎不善入者堅乎則堅者必善入矣渾淪常固何但守此堅以淑身然而君子曰吾亦入則是既以不堅者自處也且

天下之堅者畏世之入乎不堅者畏世之入乎則堅者必不畏世之入而入世矣果確無難不妨持此堅以涉世然而君子曰吾不入則是又以不堅者示人也吾故無論世之堅者何等且無論世之不止於堅者又異者而自有堅之一言中乎雖不可入也吾已先乘之矣其誰曰不然

槃根不入倚沱不磷着墨無多恰字字針鋒相對蟻封盤馬蝸局門牛渝鳳小題能事

○○不以人廢言

程　策

君子寛於用言、而國收實益矣、夫言之有益於國者、不擇人也、一或因人而廢、如負言何、夫子懼世之有失言也、故曰國家所可惜者流品、所尤可惜者言路、有如流品既清、言路隨狹、國家亦奚賴焉、則君子於此、有微權矣、夫有借其言以爲梯進之階者、業已不爲其人庇矣、乃有即其言可收實用之效者、可使併與其人廢乎、君子則曰、以言視言、而其言固自足珍、即以人視言、而其言倍爲難得、唯其言之無當於國則已耳、有當於國、使賢士大夫蒿目而陳與庸人孺子矣、而議無以異也、則問其言、不問其人、藉之以

雋妙

步步緊、結不以人廢伏綫

乃非近作求言詔書

為國之典刑可也惟其言之無裨於民則已耳有裨於民或忠懇
在尋常計議之下而石畫出老成謀慮之上未可知也則嚴於人
推進一層
而寬於言納之以為民之利益可也伏言之害甚於伏奸懼其奸
傳儒宗閑不
之有所伏也併其言之是者而置之天下惜其言之是因以忘其
詞意鮮不以為倒者筆矣
拓開一層
人之奸則顛倒是非之計售毋寧合聽之以示大同遺言之歎忿
至遺賢因其人之未必賢也併其言之善者亦格之天下見其言
之善者有所擾而其人之不賢者無所憑則嚮往効忠之意沮毋
寧兼收之以寓鼓舞所以君子在上能使紛紜異同之言鎔鑄而
成共濟不使紛紜異同之人偏激而致曹爭則以聽言之途廣哉

不仕無義　廢也

沈學臺月課莆田縣
學一等第三名　羅熺生

即不仕而揭其非、爲其必有所明也夫不仕之失斯爲無義、未
昧者則亦已耳而長幼之節、獨非丈人所已明乎、且天下孰是可
圖所安而忘所重而或者闇於大較要亦無足責也彼既樂其所
安早不復知有所重〻〻干焉執一意以槩絕于名、教自外之徒亦
可以不必矣而茲之至邇人遠者豈其家庭之間猶是名教是
輕也者夫何柴桑之叩空谷必遐𢡟揣其意彼殆欲以不仕終也
僭也無有以無義之說告之者苟其枕流漱石標一格而下以共
明猶得諒其孤高之節第此身可安軒冕之外此理無逃天地之

閒絶俗鳴高情亦頗其太激也即使潁水箕山闢一解而尚堪大
白終莫掩其遠引之非蓋一念而耽山林之癖一念已蔑經綸之
防枯槁性成責之所以誰諉也甚矣不仕者之無義也洒之窮矣
以往將見絶乎仕則必絶乎義絶乎義則必將並遺乎禮天下之
大盡如此輩人心自息乎聖乘矣其不至芽而父子棄而兄弟漠
漠然非人情不可近者有幾若丈人之莹其然造其門而奉几授杖
悠然雍雅之遺此以知瞻依甚邇要亦義所莫解遂爲節有難踰
也夫烟霞痼癖非律戾所可拘茲之父父子子庭訓恪遵自有
秩秩可風者寧不足爲外人道耶登其堂而隅坐隨行居然小儀

之餙此以知慇懃教誨一吾胥義以爲方乃見節不容不參也夫放治
骸非禮丈之是尚芸之弟弟兄兄雁行式序已覺其彬彬
也而豈爲山中人哉長幼之節丈人已知其不可廢如是是固充
裁之顯者當借爲趨側之端矣嗟嗟介石孤貞何心世教托闡散
以人自安寧能保綱維之勿遂而式穀貽謀偏詳內則俾率循而維
謹即可卜推暨之有出君臣之義何其廢之丈人殆未壽教於君
子歟

沈太宗師原評

文情斐亹筆奇恣[illegible]評

不仕

羅

不成人之惡

徐掄元

用心於去惡其為人益切矣夫惡者美之累人之惡未必不成惟君子又能不成之也其用心為何如哉謂夫人情好諛而惡直故將順之言易聽而匡拂之辭難入大概然也人不幸而有惡猶將百方自蓄惟恐天下之見之而摘之顧其百方自蓋之念固即其不甘為惡而可以進於善之機也惜其不遇君子卒至怙惡而不悛耶夫君子于人之美既有以成之矣則是君子有成就之功，斯人抱攸好之德人誰不致力以盡其美而尚有不免于惡者斯直自棄于君子而無可如何者矣我方示之以周行彼且日趨于

折○便○是○

歧路則立身一敗何事不至於乖張異世尚有私淑之義而同時不免向背之情則動念多違何所更用其補救若然則人之惡將聽其成焉已乎非也夫人有惡夫人自成君子即不必有懲惡之事而惡之一成美且盡喪君子豈得無引咎之思ミ夫人之生而無惡者性也性本無是即萬一有惡亦必有不敢遽肆之情ミ之

理真語自剴切

怯者君子以為未始不可以理諭也而夫人之不能動而無惡者習也習已如是則形而為惡又必有不能自制之氣ミ之盛者君子以為未始不可以義奪也于是及其情之未定而有以止之則為之反覆開導使知前事之可懲則不當復蹈于後也厥終之難

悔則不可不早慎于始也君子所為順以導之者此耳乘其氣之方張而有以折之則為之引繩批根其有所恃而逞志者破其所恃則局促而不禁自絀也其有所溺而喪德者攻其所溺則消沮而不勝中餒也君子所為逆以拒之者此耳夫人之冥然而有惡者自信無他繆巧耳而繩愆來自君子則心以有所覺而漸悟即悟與不悟尚不可必而曖昧之動自我見之不能自我沮之則將聽其負惡以終乎人之悍然而為惡者亦謂莫我牴牾耳而攻擊出自君子則外之有所憚而思返即返與不返存乎其人而悔吝在躬我不能彌縫其闕而匡救其失則吾不且為人載惡以歸乎

不成有苦心有妙用此能一丁終明

懸至

君子之用心如是。天下其孰不棄惡而就美者哉。若待其惡之既成而區區為人分謗。君子猶且恥之。況其惟惡是從而與善為讐乎。

兩意分承到底。是先輩法脈。其抉摘幽隱。推其所從生。而究其所終極。則自大士而後。惟作者擅能當代。原評

清思層折。愈轉愈摯。此法本自歐曾門戶中來。荊川用得最熟。大士更多變態耳。儲中子先生

不成人

不行焉可　行焉

張培徵

不行其譖愬而明稱耳則亦行甚非易矣夫易行者而不行故謂
之明而還思浸潤膚受其誰是不行者乎而竟不行乎且人之易
為人惑也非人之能惑我也我自為人惑耳而我之不為人惑也
非人之不善惑人也極其惑人之巧而我終不為其所惑也如浸
潤之譖膚受之愬固以為譖與愬之必行[illegible]有不行者也然當
也而何必浸潤愬也而何必膚受彼蓋同是人之明非猶夫人
不明也且非僅猶夫人之明也不浸潤則其譖不行不膚受則其
愬不行是譖者愬者固與人以必行之勢而使明者無所[illegible]其[illegible]

原評清不行折入明字極有可法

也而豈有不行者哉而竟斷然其不行也任其浸潤而必不能蔽其譖之隱任其膚受而必不能飾其愬之情蓋譖愬雖巧而坐照之智固立斷其偽而不疑也且坦然其不行也固其浸潤而愈知其譖之隱固其膚受而愈以知其愬之情蓋譖愬雖工而先覺之哲自立燭其奸而有餘也謂之明也固宜夫不行而何以謂之明也哉則惟其聞浸潤之譖而不行見膚受之愬而不行然不行（真詳）

（筆鋒博擐）

而寧得遽謂之明也哉亦還思其不行之譖為何如譖不行之愬為何如愬將不見夫世之小謂明者日受浸潤之譖而不覺其遂迷忽聞膚受之愬而不禁其欲憤若凡比比然乎曾幾見有家術

者乎而何以舍之可謂明者任其譖之浸潤而淡然其若忘任其愬之膚受而漠然其不動者消若是乎而可輕量此不行者乎甚哉譖愬不行非猶夫人之不明也且譖愬不行并非僅猶夫人之明也而可以不行爲易也哉

靈机雋筆着紙欲飛　原評

折旋頓跌跳脫不羈可謂筆如游龍

本朝考卷篋中集　論語　不行焉　張

不行焉可

行焉

順天提學院歲考

真定府學一名　張培微

夫行其譖愬而明稱焉則不行其非易矣夫易行者而不行故[illegible]明而還思浸潤膚受其誰是不行者乎而竟不行乎且人之易為人惑也非人之能惑我也我自為人惑耳而我之不為人惑也非人之不善惑人也極其惑人之巧而我自不為其所惑也如浸潤之譖膚受之愬固以為譖與愬之必行也未有不行者也然譖也而何必浸

原評：擬不行訴又明子拈出有下落

潤之愬也而何必膚受彼蓋曰是人之明非猶夫人之不明也且非僅猶夫人之明也不浸潤則其譖不行不膚受則其愬不行是譖者愬者固與人以必行之勢而使明者無所用其明也而豈有不行者也

而覺斷然其不行也任其浸潤而必不能掩其譖之隱任其膚受

必不能歸其愬之情蓋譖愬雖巧而坐照之智固立斷其僞而不

且坦然其不行也因其浸潤而愈以知其譖之隱因其膚受而愈

以知其愬之情蓋譖愬雖工而先覺之哲自立燭其奸而有餘也謂

之明也固宜夫不行而何以謂之明也哉則惟其聞浸潤之譖而不

行見膚受之愬而不行然不行而寧得僅謂之明也哉亦還思其不

行之譖為何如譖不行之愬為何如愬獨不見夫世之自謂明者明

受浸潤之譖而不覺其逢迷愬聞膚受之愬而不禁其欲憤者

比然乎曾幾見有不行者乎而何以今之可謂明者任其譖哉

而淡然其若忘，任其愬之膚受而漠然其不動者，有若是乎！豈此不行者乎？甚哉譖愬不行，非猶夫人之不明也，且譖愬不行……非僅猶夫人之明也，而可以不行為易也哉！

靈機雋筆，看紙欲飛。原評

折旋頓跌，跳脫不羈，可謂筆如游龍。

不見宗廟　二句　　陸建運

聖人之美富不容為門外見也夫宗廟百官之美富如孔子蔑以加矣特未可為武叔見也然無不可為不見者道也意謂今使聖人而無不予人可見也則人之議聖人者寡矣雖然使聖人而必盡予人可見也則聖人之所內藏者亦易量矣賜嘗游聖人之門接其言論丰采非敢曰智足知聖也然而聖人之道德文章已覺聲言之而未盡亦嘗登聖人之堂誌其車輿簡冊黂幾曰見禮樂也是以聖人（即總見大意妙）之光輝發越又若可指數于無窮竊不禁慨然曰當吾世而有能見（不迹上）吾夫子之所以賢者乎猗與休哉蓋不啻宗廟之美百官之富盡在

倒找得法　原評如此挽又宗廟今
吾目中矣而卒無如此數仞者之為之限也大夫亦嘗備位公庭與
人不測又云實括一段奇境
我夫子抗事宗廟矣不見夫有事于堂有事于戶者何若乎不見夫
于豆于登俾筵俾幾者煩簡之有等度數之有差乎又不見夫冕而
原評為首段作語又奇
介者魯侯綮而薦者主婦亭而灌者蹌蹌濟濟之百官乎行其庭維
鏞維樅之在懸瞻其上不顯不承而無斁一時在列者鮮不顯然有
三字收
思悚然嘆觀止矣言乎美則誠美矣言乎富則誠富矣今日者大夫
轉筆好處還題而　帶上作樣　原評點
于夫子亦嘗作如是想乎大夫毋乃猶是室家之好之見而于比窺
還他不見二字意
覩面夫之乎且吾夫子刪定贊修折衷古義無不足以信今而傳後
善胸中具有宗廟百官焉齊服其禮楚重其傳無在不徵夫天縱而

原評文明約一二見一筆

多能蓋動止皆美富所流焉而獨無如此不見者何也今天下議論

又寔拈宗廟百官說夫子不知有此美富又奇

眉評

夫子者謂入廟每問難辭知禮之說安識宗廟之美三月宰衛遂行彼婦之口未稔百官之富豈知門以內瑚璉簠簋炳炳琅琅刷滌無斯豐豐蕩蕩如是之大觀在耳目間彼曾見及一二否也噫不見矣即今豈爾門垣去而再樹盡出其宗廟百官之藏以羅于市而彼不樂乃奈之何哉

歷者實之直者曲之文情變幻驟即之鮮不怪以為馬牘背　原評

若從正面實拈宗廟百官便成俗筆然空拈不見可者卻無佳致能者妙從側面着想頓爾波瀾綺麗雲海空空幻出重樓疊阜人

知其虛處能實。不知實處皆虛也。甲子山東鄉試兩題文已。觀此秘而此文加古健恢奇矣。宗廟百官側串。亦當壁壘一新。陸君庚午墨卷。向余極賞愛之。近刻燕翼堂小題文。多雅潔有書卷氣。惜余僅見數首。未得盡採集中。異時當更補入。

○○不見宗廟　寡矣

科試福州府學一等二名　陳開運

美富無由而見益歎得門者之少也夫宗廟百官之美富其不見由不得其門也彼不知聖者不益覺得其門者之少耶令使天下極感之境有時可以目遇得之也（題界清）則獲覩其俶者當無患不歷其境矣（語語靈活）若夫內蘊之休嘉竟莫得其窺尋之迹而特隆之境地終鮮知其從入之途則大聖人有美在中國有熟視終歸無覩者愈令人嘆歷乎其境者之殊少概見也夫子之牆數仞不得其門而入人將謂夫子之門以內亦幾無可見者矣雖然夫子又安能強世之無有得其門者而與以可見也耶車服禮器之美自亦光華於

乎古則一名一照似無難月擊而神留特無如不得其門者終不見其美也夫西京有俎豆亦東曹有衣冠當不徒以典籍圖書備列杏壇之几席而憮然迷眛者何知也禮樂兵農之富尤徵佐理之宏而則作相作師誰是而弗留情于瞻注又無如不得其門者並不見其富也夫以尼山之函丈分路於之班聯何難以蒲信躬親自作宗邦之壇坫而空費徘徊者之知也如是而美如宗廟不見也富有百官不見也則皆不得其門而入也如或見之是在得其門者蔵德之渾涵甚深非淺見者所可施其推測以夫子之宗廟百官亦自有其門之得入而見者多木鐸警于鐘鏞筆削嚴于

斧鉞門以內之煥煥炳炳惟身遊其地可以在在窺即也而不見
者且無可如何也聖道之精蘊難量而苟外者偏好事夫窺羅以
夫子之宗廟百官未聞有門之得入而不見者矣門牆非必其故
峻堂奧自覺其莫窺門以外之躑躅趑趄大都身畫其地者不獲
明明快覩也而微門者又嘗徘徊乎是也何也得其門者或寡矣道
德文章之地在聖人非不與外人知何以羨富在當前竟遙遙而
莫即也苟其升堂入室頓開往日之迷途則見門內之番皇當不
至遷延與擬議而乃以崇隆之閈閎徒卻顧而不能前將歸里非
遂惟門中人自知其趣耳高遠精微之詣在聖人未嘗為外人道

所以美富之所在竟悵悵其何之也苟於聖或賢閫忽欲當時之

秘鑰則恩門中之景象當不至漫出以品評而乃以危峻之規模

遂躊躇而不能進豈面牆而立彼門外人大抵如斯耶得門之寡

又何由見其美富哉宜夫子之有是云也

筆力蒼勁風骨遒上

不見宗

陳

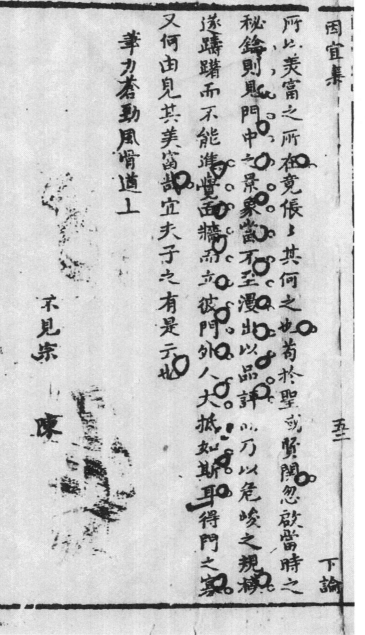

科試福州府學一等一名劉逢聖

○○不見宗廟　寡矣

美富非入門則不見、而門固非易言得者也、蓋美如宗廟富如百官、孰不樂見之者、然亦問其得門否耳、夫子之門豈易言得者哉、嘗思威德內含、非故絕人以窺測、而問途莫識、其所經者何也、蓋文明裕炳蔚之觀、蘊之有象、而耳目等庸流之陋、往而椒迷、大聖人本非可一望而知、而人亦遂鮮得而望之者、無他、斯人所見累同也、牆高數仞、不得其門則遂深之致、難憑偶外、以相探、阻隔之區莫識、是中之佳境、即欲其長留連於門外、而不索然以去也、亦或寡矣、尚謂其有所見乎、爍設之光華、尚非兩間所罕有、即不見

（不見）（寡字）（語有餘味）（抱筆成）

因宜其、

亦可相忘乃夫子之門中固有至美與至富者語馨香則明旦頻
歆于天祖語經綸則條乎儼然其自宜是何如景象哉而荒上與
創始不見
聯應無望其類蒙忽啟翹首而深歆羨之思創闢之境地者非人
世所希逢即屢見亦屬何益乃夫子之門內居然宗廟與百官也
修明倫則堂基必嚴休有烈光煥規模則儀向共球環而待命是
豈同僅步哉而張張來之則亦祗以陋陋自安褰足而徬徨逃之
草其不見也夫豈門之咎哉賜于是竊竊不見者與以或得其門
矣然賜於是正難爲不見者信以皆得其門矣蓋使謂欲見者其
門終於不得也則幽光所闕原非有意之深藏隣上而上方與獨

知即可以共知也況乎門為之招儼有後塵之可步也然使詣欲（闚閾者）
（〻奧）見者其門皆可必得也則有耀自他應覺爭先而快覩羣〻爾〻
誰識異境非猶乎人境也敢曰門實不遠無難升堂而驟進歟而
猶謂有得其門者乎天下正大之觀惟限於所造者遂逃阻而絕
入室之緣試思門以內美盡其極富探其奇誰從宮牆中見輪奐（至究得其門寔繫字首現）
之象誰從臨窺中見蹌濟之容是惟得其門者可以意喻而言傳
也天下光明之地惟室而鮮通者遂冒昧而取面牆之誚試思門以
內宗廟依然百官如在誰是見球圖之至寶誰是見委佩之追隨
是惟得其門者有以心領而神會也然而寡矣則見者少而不見

者多也。噫富有日新至德之渾涵湛而後得。少見多怪。旁觀之議。
議。情有可原。夫子之云。不亦宜乎。

端莊雜流麗剛健含婀娜正可移贈此文批

不見宗　劉

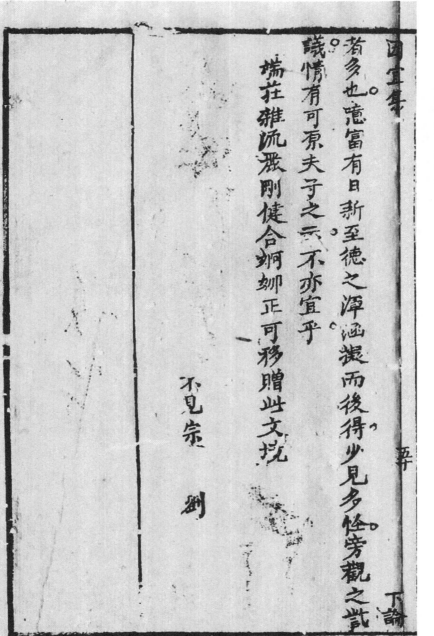

一題 不知也 合下節

福建黃宗師歲試 惠安一等一名 朱泗

聖人不輕許勇者以仁。難又問。不以易其說矣。夫由之仁。猶不可知。治賦可使。子特就其才而答之耳。豈以又問易其說哉。且以仁之難言也。微特賦姿不勇者。虞其入於私也。即剛決自負。以之勝（○立○播○中○）敵則易。以之自勝則難。夫不自勝而何以謂仁。不自勝而僅能勝（○壹○通○首○洗○發○此○二○句○）敵。又何以謂仁。微哉仁乎。難當事者再為推求。而聖人終不能為吾黨許也。武伯之問仁。首及子路。夫非以子路之勇。足以勝人。其於仁也。蓋無不可知此乎。不知仁也者。以理自勝。而非以勇勝（○關鍵○）人者也。誠而念於此。一為私。一為公。其在仁者。力爭於毫釐。應念

皆出至公之一途而氣含自雄者每徘徊於公私之界不能以即
決縱矯制其私以入於公乃不轉念而已非此則能自勝於一念
不能勝於念念者也論仁者從從惜之矣設而時於此一則續一
則絕其在仁者終食而不違無往不見其續之之神而壯志未平
者每依違於絕續之交不能以自必即力挽其絕以與其續乃不
移時而思遷此則能自勝於一時不能勝於時時者也論仁者又
往往難之矣夫子不知子路之仁意蓋出此而不謂武伯之未喻
也其又問也毋亦以仁之為道仍以勇勝而非以理勝也乎如以
勇勝則由之勇詎能勝之者無論蕞爾千乘之國所優為

跳不知對劍子路自與下節相貫　關鍵　關合　轉折
穩洽俱得古文法度

欲安治賦之餘所樂試也國愈大則治賦愈難而討卉
（可儆句）
（除且切聖門作用）
可匿甲不可藏儼然攻同之藏執也賦既治則國勢愈振而致命
（點睛）
致死入可為農出可為兵大異脫甲之故事也出之勝人豈不足
（筆句）
（思清透不從字）
多哉而至以理勝則仁之攻取多端動靜起居在在各樹其敵以
（句間映帶）
拒我克之不果則人心已據乎其域而道心寖熾為仁者義有取
乎戰勝也由果能戰勝自決乎若猶未也制三軍則有餘謀衆理
則不足矣且仁之主宰不紛耳目手足物物各役其形以奪我馭
之失律則卒徒莫肯為吾用而天君無權為仁者道有取乎志帥
也由果能以志帥氣乎若猶未也守四隣則帳然守一已則蕭然

不知　朱

矣。不知其仁。前說已盡。問孟武伯之又問哉。乃知仁也者。以理自（關鍵）
勝。而非以勇勝人。一念不存。則全体已虧。一時偶疎。則歷久難信
不然。由之治賦。才非不美。夫子何故刻以相繩哉。
空談仁道難知。乃公家語耳。即將仁勇虛較。與此章亦未親切
治賦句貪發。不得一語撇過。不得此為根柢。向強章註意作疏。
恰切仲氏境地。章法一線到底。道理十分透。須行墨間氣韻流
雄。格律嚴整。此細柳軍容。豈復灞上棘門兒戲。　原評
理解極確。氣魄極大。詞句極醇。可以榮世。可以傳世。　張履安

不知老之　之者　　呂葆中

學以忘年不特其質者也夫學而至於忘其老其功力為何如也欲曰生知宜乎聖人之不任受矣或問聖人何以為天縱也曰聖人者（奇想却之理）與天爭勝而天無如聖人何也易言之氣數之權天得而制之制之（上下交位恰符）而聖人勿之頑也徇齊之質天得而予之予之而聖人又勿之恃也（可謂言言至人）限其分而不以縈懷學其材而不以見德天之威恩無所施則聽欲不縱聖人而不可得矣一如憤樂相代而莫知其所萌何聖人而勤學（波瀾自大流動）若是乎豈聖人而猶有未知者耶殆生而無知者之奮勉則然耶不雖有之而特少壯時之事耶夫人之知也無涯而生也有涯天

上諭

聖故有所私聖不以天故有所恃然且恐修名之不立恒硫〻

折開生知二字便將老至意納入矣

以窮年何為者也聖人若曰吾生也有涯而知也無涯是天兼窮吾於生而不能窮吾於知也是天不能窮吾於知而即不能窮吾於生也天其如吾何哉然而世人猶不喻其故也竊竊焉徒以生知名之

过下簽捷

筆筆超詣

聖人曰生而知是任天而知者也知在天吾何有焉且吾竊天以懸人吾欺天矣資天以自立天亦淂而窮我矣我豈然乎哉嘗聞諸而知樂訪於郯子學於老聃而知礼此皆知之於老之將至之年者也

兩頓古宕

然且撫陳編而三絕未嘗不喟然而歎曰假我年乎則又有白首窮不知其〻者矣然世且猶勿之喻竊竊焉徒以生知名之噫我知之

○神○○
○黎○有○不○辨○古○今○難○是○矣○○○○○○○○○○○○○○○○
矣為此⋯者必少且壯而惰於業習於嬉者也必生而顓蒙佚之士
○○○○○○○○○○○○○○○○○○○○○
而不克圖其晚蓋者也不然則耄荒者也不然則恃其聰明好高名
○○○○○○○○○○○○○○
而歎天下者也夫是以不惜於誣我焉耳我可誣乎我非生而知之
○者

覽而讀之但覺光芒氣燄不可逼嚮三復之後味其名言繹其至
理又覺平實之旨無窮矣　原評
一氣縈迴夭矯起伏如龍蜿蜒亂雲驟雨首尾肢爪靚辨其迹

不知老之將至云爾　唐曾述

聖人自忘其老終身于憤樂而已夫老之將至誰不知之而憤樂者不知也其為人如此且以吾生之有涯也而欲以有涯者逐無涯乎雖然亦安知其為有涯也在蓋終身于憤樂之中而忽忽焉老將至矣形漸以衰日漸以短各幾何時已非復昔日之心期應自嘆老矣之無能也而心猶未改志猶未懈恍如一日尚不減少時之鼓舞窮自笑雖老之猶昔也即知由見在之衰憊也猶亦謂日月其云逝矣尚孳孳焉馬欲何將乎而至則何知已非志學之時而依然知十五也已非有立之日而依然如三十也已非不惑之年而依然如四十也

丘蓋老于憤老于樂有間丘若將謝之曰以情樂爲終老之計而已（云爾含神）
矣即如葉公或見丘之遲久也想亦謂歲序其代更矣尚數數焉欲（此從葉公說起）
何爲乎而丘則何知常知不識之年而不知已將五十矣啻知知命
之年而不知已將六十矣常如耳順之年而不知已將七十矣丘蓋
老于憤之復樂樂之復憤有知丘者亦將之曰以憤樂爲娛老之事（妙想矣開）
而已矣雖云老者異食若丘不知有食而至于老豈至于老而遂不
能忘食乎人以爲老將至矣而尚何說丘則謂知有憤矣而何知有
老也則忘食也一忘老而已矣抑云維憂用老若丘不知有憂而至（二其忘食）
于老老至于老而反不能忘憂乎人以爲老將至矣而更何樂丘則

謂知不樂矣而何知有老也則忘老也一忘憂而已矣則可謂云爾已矣女何不以我之為人告之也

中比將吾十有五章引入自是聖人本色面目而一種超妙之致又處處傳出云爾之神使讀一過大策豁人心目

不知老　唐

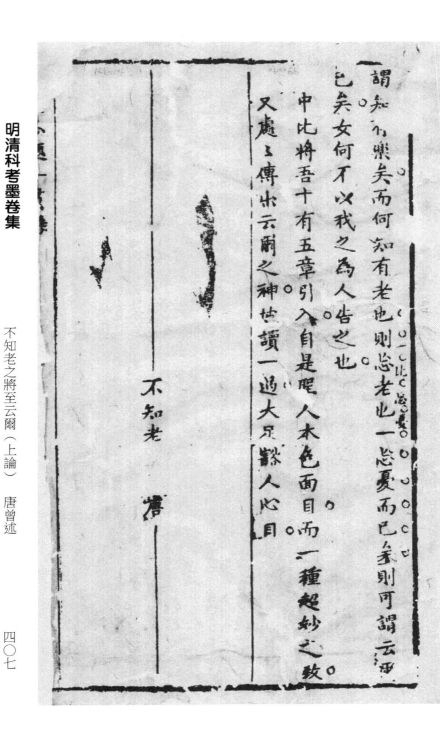

不知其仁

王鍾

不以仁許大賢者，正以所憂之不在此也。夫謂雍為仁，固無當於雍，即其仁不可知，而於雍自無損也，則以其所憂之不在此耳。昔或人曰（說○上○節○而○重○繹○）：今天下之重才而輕德也久矣，惟以德為輕，益有不量其人之深淺而妄以相加焉者。夫論人而奉以全德之名，其始為溢美之辭乎？我思其真不出也。如口給禦人者，屢憎於人，而子乃議雍之不佞乎？議雍之不佞，而疑與其仁乎（○落○定○下○文○）？夫人之欲有所短於其人也（斷○自○[illegible]○[illegible]○說○不○佞○占），必先暴其所長，蓋謂人有所長而概以相況，則持論太苛耳。子之以雍為仁，夫固先暴所長之意，抑人之深有所病於其人也。

必聊著其所美蓋謂人有所美而引以為端則我說得伸耳子之
以仁目雍夫又聊著所美之懷不知人各有其分量苟暴其所長
而其人之分量反於是而揜是譽之適以誣之也原無庸於衡量
之餘而周旋於世故人自有其本真苟著其所美而其人之本真
反於是而晦是揚之毋寧抑之也則曷不於過情之譽而無事於
深求今觀於雍寬宏者其量子故以仁目之歟夫寬宏者何必非
仁又何必即仁要以雍之所長不必於仁即議其未仁而雍自有
其表見之處耳則仁不仁自可置之於不論簡重者其度子因以
仁名之歟夫簡重者其仁似可知而其仁實未可知要以雍之所

矣不在於仁之可知即仁不可知而雍自不失其足取之端也則仁之可知不可知又可畧之而不言是故雍而仁我固深爲雍望

語意緊合

雍而未仁我亦不爲雍諱雍之仁可知我固益爲雍重雍之仁不可知我亦不爲雍輕則以子之爲雍惜者我實爲雍賢也夫佞則焉用乎

領脉只在上節一兩字中前後轉注意懸懸飛于次公題是輕遞本句趨重下文之勢一語純當不得文意境靈活王嗣東稿中得意之作楊澳畍

不知其仁　仁也　　顧我鈞

仁者必不佞而勇者未可言仁也、蓋仁者不佞、故未信者不容[illegible]
信也、好勇雖足以治賦、豈可遂謂之仁耶、且聖門何以貴仁〻也
者以之供辯論則怯、以之濟艱難則勇、故外而閒世不敢輕以治
軒泛如翔
人內而閒心不容忍以絕物、苟舍是而言仁、非虛譽之卽懸期之
宰有優空之據
均非聖人所敢知也、口給屢憎、夫誰信之、夫誰取之、而乃恃口輿
晏嬰子路以伏知學巧思陳乎
戒出言樹敵、斯則言之訒〻、子路所謂非由所知者耶、何問仁哉
啟子寧果言仁、而必專言不佞、雍之仁未可信、雍之不佞深可信
也、寧輕置仁、而必重言不佞、雍之仁未必可取、雍之不佞固已可

取也然則雍之於仁豈真不可知哉而仁之爲體亦自此可知矣
○案○雍○扯○由○搭○滑○入○妙○
故以此而仕則盡斯之理以行吾仁既可居南面而無慚以此而
不仕則審斯之理以全吾仁何至蹈東海而不悔漆雕開未信之
○擊○中○而○首○尾○應○　○湘○轉○帆○隨○手○與○物○化○
對子亦說其求仁耳豈徒悅其不仕哉而不然者則不仕非仁以
乘桴而忘四海之營其爲好勇奚取也爲其於仁已違也而不然
○如○環○無○端○
者即仕亦非仁以治賦而課三年之績其於千乘可使也然其於
仁猶未也此無他決乎倖不倖之介無取浮名權乎可使不可使
○兩○不○知○語○
之問難言全請然則武伯之問子路固實有不可知者豈猶然與
○意○閒○狀○須○此○則○清○
或論雍而囿不知其仁云爾哉要之仁不貴佞故未信不可謚仁

不恃才。故好勇不可。過雖言仁者不同而仁之難可見矣
仲縮變化皆中理解。此長房之仙。泳偃師之戲也。莊焉哥
熟於李仲達鄭謙止諸公區訶。而得其簡潔蒼老之神。侯司壕

不知其
顧

不思則不得　我者

吳學院錄科與化　宋經綸　兼忠
府學貢生第一名

蓋其宰者有所障可溯原而得其故我焉蓋有心而不思則蔽於物者與耳目等為溯原于天其與我豈偶然哉且天君甸獨伸之權曠而失職遂使後起得以汨生初而虛靈之舍幾等官骸之徒（措詞法）具或且誘其咎于天不知人得氣以成形即得理以成性天與人有交相授受者盡亦溯厥由來而自得其故我即一如心惟思則得之謂是能思者之得天獨厚乎抑能思者之後天奉若乎而不然者（二喝鈎題界限）則為曠厥官矣萬事棄投總由一理之統攝莫握其機無論失乎（伏下無痕　縮上自然）付畀之重而主宰不存亦若有耳而不能聽有目而不能視昏昏

者何以官止而神行。客感猝乘。不越至理之順應。莫搖其柄。無論負厥彝秉之良。而精神不清。亦如聽之而弗聞。視之而弗見。昧昧者何以君泰而令從。吾為寃其不得之由。厥惟不思之故。蓋不思則虛者自塞。誰為啓其鑰。不思則靈者自錮。誰為抉其緘。塊然食（險句破天荒與徒天機鋒者洵別）息之軀。聲色固多幻緣。並神明亦屬贅設。化工鈞陶。當不若是之拙。且不思則恍焉惚焉。烏辨其所從生。不思則茫焉迷焉。烏推其所從。極惆然冥頑之竅。耳目引我而出。心思不能引我而入。維皇（落下簡老）（句亦創）誕降。豈宜若是之褻。則試為之溯原于天。天之生人也。每善為創既懼其聰無所寄。而創之以耳。懼其明無所寄。而創之以目。而又慮形聲交接不假思索則不通乎是乎復創之以湛虛之宰以綱維乎始終故形上形下官器與性命俱恬非獨減之無可减亦增之不必增而全而付者可以見大造之全能天之篤物也又善為因謂其不可以徒耳也而因之以聰不可以徒目也而因之以明且為度觀聞交搆不有必慮則不瑩于是乎更因之以冥契之符以貫徹乎內外故有物有則哲謀皆睿知所周非獨分之見各擅之材亦且合之見相資之勢而亶無私者詎惟鑄形之各肖故實而按之與我耳目者固天也與我以思者尤天也彼不思則不得者其亦棄天褻天而已矣所以善承天者必有與立無以小骸奪

熟極巧生得之理境尤難

密令擒

力透紙背

挽筆

排奡

環翠軒試藝

大體

理精法密原評

不思則　宋

不思則不得也此天之所與我者

吳學院科取
仙遊學貢生一名薛士芳

不得由于不思人當無負與我之天矣夫不思則耳目之用不靈明乎天之所與人可不思以全所受之天哉且自維皇降衷早與人以能思之職而人詎乎不得事物之理者豈天與我之獨嗇哉民以徑寸之靈明有弗竭焉故耳則人之受中以成形者當思何之對彼蒼而無負也心何以能思心何以能得吾乃知天之所以與我者非偶然也與府之虛靈不濡則不出不思則虛明之含久而服從之憧擾則名物象數之順胡以坐照而靡遺靈臺之智慧不窮則不生不思則情明之牢早為紛華之蔽錮則古今事變之

繫奚以孝燭而無疆理義由心思而得也脱我心曠厥官則天維與我以耳而聽竟不得其能雖與我以目而視竟不得其明又安望於不睹不聞之天而能深探其底蘊齊智緣研極而通也詎我心有弗思則天縱與我以耳而激聲究不得絕于耳縱與我以目而照色究不得卻于目又豈能於無形無聲之所而克微觀其與旨此不思所由不得也夫天業與我以心通天地予有形態風雲予有處而豈耳司聽目司視之所得與者哉要之心與耳目皆天之旅以與我而非偶然也形生神發之倫疇不自具心思疇不各抱與耳目然耳目實天君之使令也夫天與我以活潑之靈機並望

我獨神明之用不然幾何不與冥然罔覺之耳目同為龐麗之所牽負陰抱陽之輩誰不各具其耳目誰不共秉其心思然心思寔百体之主宰也夫天與我以靈動之天機正與我闢斯理之奥否則幾何不與頑然不知之耳目忽為嗜慾之所貽乃知得五行之秀而為萬物之靈寔賴我心之能通不思則不得俯仰上下據然形役之徒具故欲参天地之大而贊化育之妙端由我心之能竆不思則不得瞻仰昊天踐形胡以惟肖明乎天之所與則孰大孰小有不思而得也可不先知所以立之哉

吳太宗評

不思則

薛士芳

不能使人巧

顧沈士

能有所窮無咎教者之不使矣夫巧固不離乎規矩也然而欲以使人則斷斷不能其可徒咎教者之不使歟且天下有不窮之學而無不窮之教是故同焉一事學者同不能非不能也教者同不能與不能矣夫以其不能者而強欲強責其能不亦誣乎如梓匠輪輿其與人規矩也同所能矣雖然人所欲得者豈但規矩哉其所致望于師者亦豈但與之規矩哉直欲使之巧耳是故爲己之未見其長亦殊自恨焉曰吾何爲而獨未進于巧也既而思之則又轉自慰焉爲其師之已巧也一方師之有所獨造私心竊冀焉曰吾師或者其將有以

使乎久而後知之則人爽然失焉為其師之終不使也噫嘻是何弗思之甚耶吾欲使人巧也而能乎哉天下有一定之物而無一定之巧（無窮無盡巧字醒不能使亦醒）惟其無窮也所以巧也若能使人則是有定矣而何以云巧天下有可盡之術而無可盡之巧惟其無盡也所以巧也若能使人是終可盡矣而何足云巧（米從月斷愉悲關出）且使今日之師而巧亦先受之人也則可轉而授之哉耳試思得心應手之機彼果為人所使者乎旋非為人所使而又奚能使人神使異日之我而巧亦能與之人也則可誘而取之師耳試思運斤成風之妙我果能使人者乎我非能使人而又安望師（又將人巧與使字新者）之能使是故有求巧而待巧者師亦欣然與之約而不任功也巧與

巧值非能愛其人而秘之也有求巧而未巧者師亦憫然憂之然而
不任咎也巧不與巧遇非偏惜其人而靳之也事可以言傳而巧不
可以言傳法可以明示而巧不可以明示非不欲使定不能使耳（收上節）雖
然人可竟安于師之不能而弗求進于巧乎累其深造然勢一旦自
得焉則亦若或使之也（說不任）

似此直可分巧與人鑿方心而去枘舌　原批

瓔瓏透徹腕前堆下水晶球不由追琢各自句圓枯淵與堆粱皆
當從此中乞巧

不得其門而入　或寡矣　吳壽昌

狀見美富之難、而深慨得門者之少焉、夫必入門而美富見、則不、見美富、皆不得其門者也、或寡之嘆、豈虛也哉、意以天下事之堪為外人道者必其人未可盡外之者也、身之所歷而目寓焉、有灼然不爽之一時、先當無杳然莫接之一境、故此中人所信適為此外人所疑、而入既自外之、則亦相與其外之、夫固非有心者之輕量天下也矣、夫子之牆數仞是牆與宮隅也、所引入以見者其門焉耳、然而見以入為憑、入又以得為準、今夫猶是宮也而光輝被潤澤之觀、充實著包羅之盛、則夫子之美富非乎猶是美富也而

洒然入妙

累朝法物序列於東西四海英奇班聯於左右則夫子宗廟之美百官之富非乎此亦極天下之大觀而千古所僅見者矣故無論

高一層說入好

遐矚高瞻入其門者未敢遽信其精神之不爽即以為無不可見而入在前見在後見已非不入其門者强以相襲之端亦無論躊躇四顧得其門者未敢自許為中道之堪馳即以為無不可入而以得始以見終見尤非不得而入者幾倖或然之數則甚矣見美富之難也則甚矣得其門而入之難也夫事之相因而致者每覺其相須之急懸美富於前有識者孰不欲争快覩之先哉而無如牆之不為門稍貶也門以内昭曠而可觀門以外迷離而莫辨度

妙　而截界畫分明辨亦雅雋

量之相越者然也而境之履焉後難者常病其相遇之踈藏美富於中大聖人豈不樂為大公之示哉而無如門之不為人加便也得焉者升堂而歷奥不得者正立而面牆境地之所限者然也賜今者歷覽吾徒諦觀斯世其来也何所聞其去也何所見未嘗不嘆聖人之宏而笑人情之陋也得其門者或寡矣安望其入見美富也哉嗟嗟来達則一間難融莫贊則片詞無補以同堂朝夕與居不盡快然而無憾況悠悠而泛泛者多能則艶稱其聖莫殫則轉懼其功以搢紳交游有素無由稍涉其津涯況詵詵而諭諭者溷乳缶之夫而談彝鼎對樸樕之侶而語冠裳世有能解者乎夫

妙

入未句作描鬼之筆恰為矣字

或字傳神

二結亦遒警

子何如人賜安得不為之意索也

不得其門而入祇就夫子身分上說蓋反言以明之得門或寡始為外人道也盻畫不清便覺詞重意複過落二比劈理分肌文辭雅健前後亦多淵然之光任　處泉師

不盈科不行

戰中尊科考取六覆童生第九名 陳金章 汝佩

盈科而後行即水已見其漸進矣夫行之非可驟致也以有科在耳不盈則不行是可觀水而恍然矣若曰吾言觀水之必觀其瀾瀾者水之行也顧沿流以溯源混泉所以稱有本之放而探源以尋流晝夜何以稱不舍之進則行之不竭者本而行之不滞者尤有序也豈其恃源而徑遂無俟溢於既滿耶夫天下止則不流者機也蓄而能通者妙也吾嘗觀於流水矣奔騰者水也茍為息之深深豈等溝澮之集顧順而導之可以瞻趨壑之歸逆而障之遂若同止水之鑒則機有所窒也觀淵泉者所以有時出之象就下

春山露萸

項上圓光

括義妙有會心

韞齋試草 麥杜

若水也苟爲来之川洄豈同立待之涸顧激以清波一瀉幾堪千
里塞以隄防奔流必俟潰決則勢有所阻也臨川上者所以有逝
妙對
斯之嘆蓋水之不能遽行也科限之矣其不行也其科之不盈乎
根據確切天然註脚
占易義者曰習坎坎者止也有不得遽行之意而即有不得不盈
之機科之設也所以象坎而受之需也其始至也僅等下泉之浸
其繼至也猶然停淵之蓄迨至浸者徐以充蓄者徐以極而後曠
書家無露法
望烟波遂有沛乎莫禦之觀蓋積厚而流若是也出山下者曰蒙
泉蒙者養也有不得驟盈之義而即有不得即行之機科之設也
所以象蒙而受之漸也其方来也涓涓者僅爲潤下之濕其將充

也悠悠者已具噴薄之性至於來者徐以滿充者徐以通而後一望汪洋遂有横無際涯之槩蓋流於既溢若是也然則從乎既行以觀或望洋而嘆或向若而驚幾謂就於下者不難作朝宗之流

雅飭 如題

矣而試思所以致此之由則溯洄之從幾經泉流之注矣不然汙

掉定風神絶世

潦亦既清矣何以植注易窮僅資濯壘之用耶然則自其未盈以觀或掘而揚其波或搏而使過顙幾謂決而流者不難作絶流之奔矣而試思所以〻溢之序則津涯之莫窺還待畔岸之莫陽也

換對

藻思綺合

不然觀海亦難〻矣何為江河皆下必需細流之不擇耶然則志遊之君子其亦鑒〻流水而心不競焉可

韞齋試草　　杯盤　　陳二

文品如幽燕老將氣韻沉雄瓣香應在鍾陵原評

不怨天　四句

數文　胡瑞春　熙臺

聖心純於學不求知而知愈希也夫惟怨尤兩忘而純於下學則不自知其上達而與天一矣聖學如此其孰能知之且夫人之易為人知者必其生平之所為有以表異於天下者也若乃絕徇外之心而專求乎為己之實此中甘苦之數其默默相喻者大都不在人情中矣賜乎爾亦思我之求盡乎我者何如爾亦思我之可致乎知者安在而漫云知我者之有人乎夫我固未嘗得於天也夫我固未嘗合於人也第念夫窮通之故無關道德夭人之厄我者將聽之也何容戚戚以終身耶則我於天乎何怨也則我於人

西本王院會課二刻

乎何尤也誠見夫困厄之內自有聖賢天人之厄我者或有說也何敢悠悠以自息耶我惟下學焉耳尋常日用之理人以為一微而即得者我則習之畢生而不厭焉學之外無餘心學之中無餘力初未嘗妄希捷獲也而我已不自知其上達焉耳窮神知化之境人以為杳渺而難幾者我則求之行習而有得焉自下而上者非兩途積學而達者亦無二理又安能自炫神靈也不與世境爭得失而沉潛於篤實之脩我之為我亦甚闇然矣闇然者誰則知之不以冥悟矜速化而得力於漸進之途我之為我亦甚無奇矣無奇者又誰則知之意者不遇於顯而遇於微乎夫天則莫微焉

者也而冲漠之中自有監觀之實矣好學不倦而天行之不息者實體於當身則天之俯鑒乎我或亦鑒夫我之所奏於天者乎意者不孚於衆而孚於獨乎夫天則其獨焉者也而神氣之外可觀心理之通矣一原既徹而天命之不已者自得於吾心則我之默契於天其亦祇如我之自見夫我者乎此我之所以自盡而無望乎人之知者亦無以致乎人之知者也賜也可無惑於莫知之說矣

機法相生神完理足英年具此妙才安得不破壁飛去

不怨天不　上達

甲子　郭　焌

（甲三〇比作知足觀）

聖人明莫知之故，皆不以人與者也。夫怨尤之意，恣於下學之中，而不自覺其已達也。此固非世所能知，而夫子乃自明之歟？曉于莫向今以我之為我，而有與於知之數乎哉？（自應蒙上讓入）身苟有涉于世，□為有緣于身，若渾渾然無所與于人，則世固當安之若素，而遂令其意境所至，獨時杼軸于懷，而不能忘，蓋素所得力云爾。（拾〇在〇備〇中）夫與我之身參而立者天也、人也，因知之故，背而生者怨也、尤也，氣數之天（精詣）任于運，在彼先不能自主，何必不獨受其參差遇合之人，適于時（述）在此本無可皆非，則亦自偶成其拓落。夫我則雖有學已耳，行察（惜接？）

習者同俗實以同理學固其下焉者也乃我則因以達焉矣知化窮神見解即以見道達固其上焉者無心之物少而易馳約之始（此路常不器老盡入下）學精不約而不必精也夫意氣所動常與義理所剪分而據吾心之（指題首只八字領成一綫）率析而成之者兩境而豈必兩境之可判然也哉世償之擾攘原不關切要之圖雖於此徑之相親疏乃獨行遂不覺淨情滌志之悉以除也于物外損一歸止於事中增二力而審其間於眾處者（此比挽而字轉入上達兩出如一比此妻）功固已平易而可要理之數多而難執積之始化不積而不能化（意細論亦）（而字之理都出）也夫深洽所明常與寧靜所致併而形此理之全會而通之者一時而豈必二時之可立至也哉人事之專精初不涉幽渺之域遠

明清科考墨卷集

乎其機之自轉蹙ゝ來遏又若非心追力求之所能與也雖之在
默言之表仍即之居有象之端而渾其幾於衆妙者既亦已依微
而可證兼乎義而命之說始全恬退者肆意乎空闊而得據之修
分項首二比理根圓○是釋者兩家無虛○文
欲進發其蹤以彙也奚合於形而性之旨斯著精進者求端于宜
收○上○二○句
滅而捷收之解悟終非其轉爲害也奚而我也俗累不以困於中
收○下○二○句　對○工
人道皆能由其故物ゝ而不物于物事何庸之非奇神ゝ而不滯
○世
于神意已微而莫顯豈唯是外人之不足道抑亦吾黨二三子所
上○起○下
不能盡識也不怨天不尤人下學而上達夫我之所以爲哉者蓋
如此

不怨天不

聽於題之界畫處處起合處處發攄妙理文心文筆巍然物外月白
民

惟不怨尤始能下學而上達即在其中一看已見宗旨文中逐
字剔清透層打併帖好上承其如下起處戒澄心滌慮一片化
工○臻合作

不患人之
人也
汪滌

患害審所用而知人為要矣夫以知為人用也不若以知為己用[illegible]以常患者在此不在彼也且吾甚惑夫尊者之重人而輕己也人之無識則從而憂之己之無識則從而亂之求其早夜所求皆為人而不何為己也猶且曰吾之汲汲于人者正其汲汲于己也而豈知其失己者內己多取今夫以己對乎人而為人所知與以人對乎己而為己所病者以皆不可無也然而己有咎而人知之此猶三代之公也與己無與也己有善而人不知之此自流俗之蔽也亦與己無與也抑人之邪與正而已知之此固窮理之致也己可無誤也人之知

與正而已不察之此乃識解之陋也已必有誤也始夫人之知己下
知己彼之明暗為之也己之知人不知人我之智愚為之也己之與
人也孰緩而孰切非人之知己不知己命之窮達為之也己之知人
不仁、性之賢晦為之也人之與己也孰後而孰先耶然則兩者固
皆不可無而其中不能無辨矣蓋人不己知而其人無知人之學人
則受其咎耳而吾代為患之是不知其不當患也人不己知而其人
雖免乎不知人之誚人不以為患焉而吾從而患之是不知所以用
吾患者也所患奈何則不知人是也不能正其本而其心有所私則
當吾之前而好惡必有所不當不能精其鑒而其心有所闇則經吾

之日而是非必有所不平又況一日之從違關終身之損益而偶然之進退開無窮之治亂哉且也以不知人之人而遇不知已之人詆彼不知已者之或為君子也而已不能辨而且從而疾之不終為君子之棄乎抑以不知人之人而即遇夫知已之人詆彼知已者之或為小人也而已不能察而且從而比之不遂為小人之歸乎然則人之所嘗患者在此而不在彼也決矣而世之竊竊然以不已知為患者吾知其所不知人之人也夫不知人之人而猶以人之不已知為患耶

對說合說截說串說能使題中更無遺蘊此題第一佳文也

不患人之　人也

甲午　夏裕姒

不敢誤用其患者其患有專焉也夫人不知己其失在人己不知人其失在己故惟不誤用其患乃專于所患爾且夫人己之間（明白）學者之用心不可不審也一或不審則人之識有未至必皇然慮之己之識有未至反忽焉置之吾恐其始也將以好名之念而存一歉世之心其繼也且終為人之所欺而不悟是之謂兩失之道（曲折沉著）而已嘗思君子之為學務返躬而責己故實德既彰修名以立而斷不至沒世而無稱君子之處世先窮理以格物故鑒觀不爽淑慝以昭而又奚至入世而多蔽若然則人不己知己不知人皆必

無之事也獨是世情之無定也或德修而謗興或道高而毀至矣衡鑒之多私也或以賢豪而見棄或以隨僻而見收矣因而學者之患與不患由此而分（關照下意氣力清剛）學者之患與不患亦從此而設急于見知者謂美名足樂而人不知已可慮也患之宜也緩于知人者謂賢否難齊而我雖不知無傷也不患可也（反面取勢層遞不窮局緊）且急于見知則謂聲稱不著是人之薄待乎已也（而緊）知之何其不患也緩于知人則謂是非兩忘是已之厚待夫人也如之何其患之也由是以鶩名之意積為憂憤之思而戚戚然有所不能去由是以倫類之衆任其顛倒之私而昧昧然有所不能辨其又何以全為已之修而進于知人之

哲也哉是故學者有其所不當患亦有其所必當患不當患者其事在人蓋闇修一室而潛德無聞則不明之過人實任之于己何損焉必當患者其事在己蓋身世相遭而賢愚罔辨則不明之咎（則進一層）己實當之于人何與乎況乎讀古人之書匪以為名也即使休聲遠播令聞忽加而返之刻厲之餘且益覺其驚惧而難安而何有（只如一股）于患也此誠己之可以淡然者也乃知處儔類之中不可無識也即使鑒無不明衡無不當而試之紛紜之地且恐譏似之易淆而（[illegible]）安得不患也此則己之所宜惕然者也蓋惟有所不患以釋其為人之念乃能有所患以專其責己之功抑惟有所不患以絕其鶩

外之見乃能專于所患以成其觀物之明不然而患非所患幾何不誤用其心哉

上下截發易涉呆板兩兩對舉反正淺深鱗次而下勢如行雲流水機局最為鬆活靈變復得患不患緊相呼應之旨　張魯璵

不患人　夏

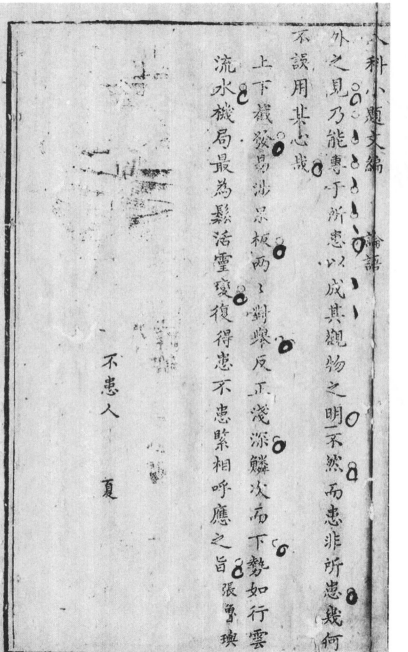

不患人之不　一節

江南張撫臺觀風青　陸　晟
浦縣學一名

求人知者必無知人之明當善用其患矣夫人不知己於己無累也己不知人則其不明者多矣不此之患而患無人知乎哉子故示人以為己之學也曰學者之皇皇而如有失也豈不知好名者之必喪其實乎乃有自謂務乎其實而究不能淡然于名凡倫類之當前人品之殊致皆將謂非吾躬之實驗而置為不足辨則人己之分不明而心思於以誤用毋惑乎終身在冒昧中也吾為患不已知者正告之亦殫周旋應世之才謂謏聞不足以動衆其視謀道也較勞乃幾經馳騖而終無所補於姱修亦可知身心之業非徒嗟知己之鮮矣

擬句清　詞致温潤

且有惟日不足之志。與感召之得吾徒。其於求全也良苦。乃靜念生平。而實未相深于學問。亦可知為己之諧。原自有坐照之明矣。人不己知矣。患乎惟不知人。誠足患耳。一日與人相接。而蒙昧而無以別其倫。比固識見之未精。而私之蔽于中者實多矣。誠能察乎理之所當然。而鑑別不遺于一世。或有賢人君子之目。而偽學不得而亂其真。即對什伯庸衆之儔。而高下仍有以分其類。此不遑暇逸之衷較之岑寂自傷者。其識為何如也。安得不汲汲焉。以求其知也。一日與人相親。而淆亂而無以甄其品。此或好尚之偏偏。而世之當我于側者不少矣。誠能明乎物之所以然。而億逆不敢以自用。嘗即一人之始終

（知人說得周到）（從上句）（點出患字）（推勘入微）

而必曲折詳盡以得其槪亦即千萬人之紛紜而必智愚賢不肖以
定其形此旌別淑慝之功較之純盜虛聲者其學為何如也安得不
怨之然以致其知也但用其力求人知之念以反躬而自治則固有
終身之憂而非一朝之患也夫人與己原非可絕之緣外之察識者
鞭辟入裡針針見血
愈別而愈精則內之克治者愈勵而愈實迨至明無不照此心無杆
格之嫌即人不我知於我之躬修何損一室之中可以肅歌矣苟悔
其徒務人知之功能撫躬而知愧則失一助我者而患生或收一損
我者而患更切也且人與己實有相通之理使內驗吾心而略無自
欺自蔽之情斯外顧斯世而斷無或明或昧之識迨至自然先覺當

本朝考卷文編　不患　陸　論語

四平八穩

代有神明之舉即世盡哉知于我之德業何加千載而下猶資尚論矣一人試思不已知足患乎不知人足患乎奈何哉不患實之不修而患名之不至也

側注下截渾發大意中後四比沉雄雅健筆意在文止大力之間

原評

推勘入微関中肆外為己之學知人之明言之津津讀之亹亹　李惠時

會稽石簣陶周望先生全稿

蘊州後學郁材子選評

○○不患人之不　人也

陶望齡

君子辨其知於人已而獨有所患焉夫知一也而人知與知人則內外辨矣所患可不審哉夫子若曰君子之學先嚴人已故論名譽則人所當忘也論鑒觀則人所當急已今之人往往慨知已之難而忽知人之易矣是豈善用患者乎吾以為己之知人孰與其植而人之為之採其鑑既以分其責而任之也人知我所操在名而我知人所

在寔又當審其要而圖之也是故人有不知我者而我何患哉當吾

四語氣味偏似前人

闇然自修之日本非求諸人即處人然無聞之中初何損于我惟以

人非無與於己也固已已法戒具焉者也使其邪正是非判爲兩途

猶恐難辨設有邪亂正似亂真者我益將眩而不覺而旋且入于其

中所係至不細也而得無患也觀人非無益于己也固吾之善惡由

爲者也使其心迹内外顯焉一轍猶爲易察設有假其迹飾其外者

我遂將惑而輕信而終且同歸于惡所關至不淺也而可無患也令

闇外彰不若藻鑑之中朗如或一旦受知而我先自蹈無論勸懲難

旋其寔德已有眾矣使天下知我不若使天下爲我知如其玄覽獨

持而人無遺照則進修益完雖榮名可無貴矣君子之患其不以微

易此亦明矣哉

錯綜變化直是高手　李九我

字字融洽句句分合却每比判別變化之妙結束之嚴無踰此文

艾千子

大變昔人渾樸之致開出後來轉換法門輕帶上句側注下句

工於審勢前後融合處俱有精思此種匠巧起自先生　于畏

不患貧而　無貧　許虬

貧不必患進斷之而先待其解焉夫徒知患貧則反不以不安爲患矣抑知均固可以無貧哉且尋所聞以訓世者有取乎全偹之謨苟知其一說而不知其又一說將無以爲訓矣夫弱小之形必有所自致則貧爲甚然有道焉以彌之所貴引伸而進斷也有國家者所患首在不均寡非均之失也固不定以寡見而均之將也其利爲無窮

（宗六分上來恰好及脉）

也哉未已也吾又聞其不患貧而患不安焉者見今之患貧者未有

（將不安然在患貧）

（內爲下然貧地）

一日能安者也田野不賣曰何以自安賦役不充曰何以自安府庫不溢曰何以自安以人之有益己之貧庶可免於貧耳嗟乎如是而

本朝歷科小題文選　論語　戊戌

求無貧誠大異所聞矣就貧論貧々可患也所患有不止於貧者則

貧不必患就不安論不安不安可患也所患有不止于不安者則不

又特患不安論似患貧内一氣所下斟

安愈可患謂患貧則不能安々患不安此心乎患貧者也寡來知患貧

者也謂患貧則不能不患不安此心乎患不安者也而亦未知患不

說亦旋轉入位　脉絡

安之故者也則亦究未知無事患貧之故者也誠就所聞衡之則不

悠就貧發論

患貧之說早得之于均所甚足矣夫國家之所以貧者大抵此以兵

來彼以戰征召募輸將靡費無節耳使各守其人民而盡力於畝畝

焉以吾國所有之人耕吾國所有之地則亦惟裁封靡焉足矣夫貧

之為國家患者大抵此鼓其版彼斂其軀禍結兵連府藏告匱耳使

各有其土地而無棄于封建焉以其地所出之利給其地所生之人○○○○○

○范○文○淹○得○意

則○亦○惟○填○泥○沙○焉○可○矣○均○固○已○無○貧○矣○而○貧○猶○除○患○本○也○前○明○所○患

○又○拊○安○字○串○均○字

○而○在○貧○未○必○不○貧○也○先○失○之○于○不○患○不○安○焉○不○知○患○不○安○者○未○有○能○知○患○不○均○者○也○因○患○而○得○均○本○非○計○及○于○不○貧○也○遂○已○不○至○于○貧○見

漸睹夫安之為效又復與均相進而深也哉

題之首尾不難綰合而中間安字均字殊費斡旋文心靈巧上下

中間翻騰跌弄轉暖空步而線索一線不亂蔗叔濤

前將患不安攝入患貧內後即指貧字劃拼出均字上下膠粘無

迹筆勢亦旋轉如神

不患貧而　無貧　　習全史

貧不足患，不待安而早決之也。夫患貧者，則於無貧耳。乃即前所謂均者得之，況乎安也。今天下小弱之形，皆其後起之勢，而必有致此

二句分出挈主

之由，則貧是已。然而世多飢飢焉患貧者，而又無術以勝之，其始無將斷以貧，其既無論猶之議也。不患寡而患不均，固已。夫苟知不均之況，患而且且焉均之，將既均之後，其效必有可觀者。乃計不出此，

段上下奇貴力

其患人有相連而及者矣。今夫貧者與富者比，則貧者固貧；富者與更富者比，則富者亦貧。顯以相較，而時見也。無所慕於外，則彼之富

其中之有均字

不覺其為富；無所動於中，則此之貧不覺其為貧。事以相安，而各得

下論　壬辰　小題觀彤

小題觀彙　壬辰　下論

也由相較者而為之則日勞逐乎外而究至無益于貧由相安者而

為之則日修備於内而其勢足以漸定不患貧而患不安此又一説

轉摺老古文氣脉

也吾聞之天下亦必有聞之者然而據術不明論古無據外冀非有

中生危亂能安者寡寡患貧者往往而有何也則以貧之患在目前

頓上句即趁下句手法欲而古而雅

而安之效難驟臻也若之何先其匱乏之憂而徐施安全之效也自

我斷之彼夫悲憂窮蹙廣欲遂非至於身有過分之得而不知止方

古澹

為貪横之事而不自知非者其始原於分義之不明而古制之凌闕

也蓋上下有等上之不同乎下固下之所不得倒也彼此有別彼之

簡要語正不在多

有利乎此亦此之所不得羨也貧之見起于無所限制而生其心貧

之無，亦東於無所變更，而斷其志均則無貧。豈難去哉。雖然，均之
說，何因以之治寡，而吾則取之以治貧何也。前縣舉其弊為未均者（流發清楚）
言之，而今先著其致為既均者有之也。貧之患向內注之以安，而吾（平淺下）
則易之以均者何也。貧之不足患，無待于必安，而安之極功，人有不
止于無貧者也。

貧字是題之經，均字安字是題之緯。貧字為臺，正均安字為奇伏。
貧字有連絡照應之難，均安字有穿插出入之妙。截上去下，中
間復斷。貧字有倒卸，均字有來歷，安字有去路，此俱安頓得好。然
俗法亦未嘗不講也，無此古雅耳。

不患貧而患不安蓋均無貧

乾隆甲子　劉寅賓

更即貧以明不足患惟均之為道先得矣夫貧猶寡而不安則係乎不均既均矣豈猶有貧之足患耶若謂今以撫有民牧犨瘠與弱之病不嘗悉爲寡之而獨深杜夫上下嫌隙之際以克全其中外畫一之模迨至收效於未償而今之不必憂者早竊諸向[illegible]已憂之內斯其憲至深遠尤當與吾子一陳之寡不足患維不均識以均之爲道一得而無不得者也而吾益異於有國家者殊惘然於致均之術也無他爲無人之外更及無財多欲之餘必生多覺識者知其患寡必及於患貧而發不安之象已潛伏於不均

旋○主○下○神○洽○分○明○

入○手○涌○身○靈○動○

承○上○嚴○主○願○媄○有○劇○盛○

之日矣今夫君子之所當患者其莫甚於貧耶抑不專在於貧而在於以均名安耶國家衰壯之由要在先思其朕兆但使恩義無隆堂陛篤家庭之誼縱復情當待竭初不懼金鐵木穀之頻乘而君相急先之務貴宜立劑於當幾方其猜疑互起冠裳坐甲胄之凶禁令府庫爲餘正自有旰食宵衣之爰憂貧非爲患而患不均以致不安甚可患也然則欲免夫貧其道在安而尤在於均也明矣且夫君子於貧有不患焉者焉嘗揆其勢而有不容患之所由抑核其效而亦本無貧之可言憑虛而構凌軋之形而[illegible]曾是一籌之莫展議者鮮不以爲迂君子初不顧也識微知著[illegible]

幾深慎家邦之不靖茍樹國猶有相疑之勢斯經界斷無相正之
時爰不禁隱憂彌甚也不然終窶且貧最宜蕩目而何以勸約是
秉惟永念於杌隉不安歟數攻而圖以大之規而識搖未定不敢
鄭上○擬○下二偶為一篇之關○鍵
稍釋其焦勞昧者尤竊疑其療君子政先計也保泰持盈之道即
達財用之大原則宮與府有磐石之形必祿與位有持衡之象夫
是以主臣俱泰也不然生財有術亦待講求而胡以饑穀不知且
急求夫擘畫維均歟其無貧也其故在安而以均台安其故仍在
連界○遞○法○
均也蓋均非為貧而一得則無不得者也非必擁府海宮山之富
而以家用家以國用國斟酌焉而無杼柚之歎空當見分封設建

達權經綸無憾迹
以來各守其尺寸之錯而我羅我理遂以奠百年宗社之休列其
為無貧是許也則均平各得安事於纖絲持籌之際而不殄心憂
亦豈擾山高黍馬之讀而以家仰國以國術家比量為自覺泉源
之不竭嘗見啓纍開嫌之下獨肆其虎噬之貪而爭地爭城卒未
奏一日盈寧之俗則孰若惟均為念也而國用常輸是當於集藥
多難之秋而愈深神懐此君子所以貧不為患而由不均以致不
安甚可患也奈何有國家者日患貧而不審所當患之原并不知
所以無貧之故哉

語有包孕不徒以幹補見長　吳興參

不患寡而　無寡　　十歲文

貧寡不待患而自無惟均致和為不容已矣夫不均則不安而貧寡因之均則和矣貧寡又奚患哉今有欲致國家和平之福而拯患患預防之心識者為之賦鴟鴞矣然患非所患則失財亦即失衆患所當患則有財亦即有人局外之明顧何解於局中之時耶如季氏欲取顓臾豈非患寡欲求其無寡患貧欲求其無貧乎亦異乎吾所聞矣徒據保聚之私以從已之欲實滋干戈之氣以貽國之憂是懸想富庶之象而未察富庶之原也則念慮已下惟欲貪戾欲為強大之資隱蹈杌隉之形為積重之勢是意十有

收之愚而事中無而全之理也則籌畫已左夫國家自有不計乎
不以無益之憂敗其謀惟有所不患而所患者乃非托諸空言也
亦專於要圖必不以無厭之求紛其慮惟有所患而所不患者乃
非付之大度也則有無貧無寡之道在道在均而患不均蓋不均
實不安之由也患不安必求其均蓋均焉則已和也誠均矣君臣
之分定公賦之入與采地之供總悉如其分以豫大而豐亨是均
為不患貧之良策而正善於患貧者也誠均以致和矣上下之情
平公徒之衆與私邑之民總各順其情以耦俱而無猜是和為不
患寡之善術而更深於患寡者也要之患所不當患則不均不安

至求貧寡而不得患其所當患則無貧無寡祇決諸均和而有餘有國家者苟不以均和為計而徒以貧寡為患誠恐不安至矣豈特貧寡之足慮哉

吳荊山先生評

淨澈安閒中別有翩翩風致

父冏伯公評

運機最緊法家而神亦流

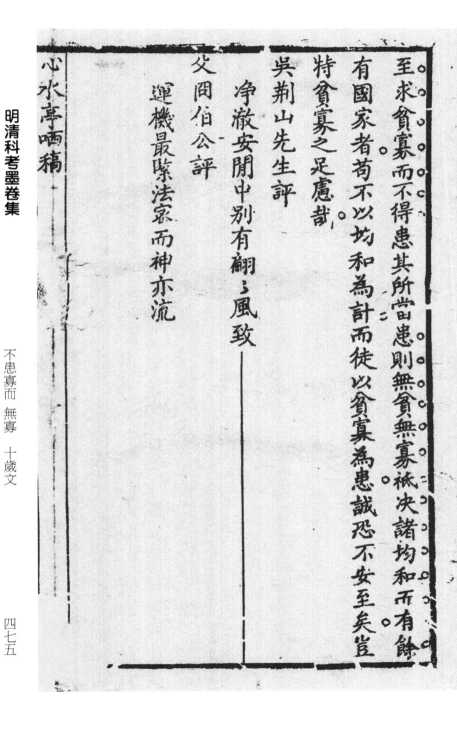

不患寡而患不均　　李祖惠

然寡者無均理則無慄用其患矣夫家國自有分內之分外之求則見寡矣豈知患頗不在此而在彼乎如之何不患不均也且王者統理億兆一物不歸其分則以為吾失其均所致要以人歸由乎天與撫世秖應以無心而不本公平正大之意以為之經紀文

均字全切

加小々陵大皆為侵乎其分而不可以為治今亦思家何以殺于國々何以殺于天下適其義惟各有寧宇以順及天地而生死之

即從家國推出均義樣尤明正大

服章亦定兆民之心志有天下而復有國有國而復有家博其類

以內傳對外傳恰合

則于天有十日於人有十等而輿臺之微未亦分其主之聲靈是

故寡之云者以多形之而見為寡也人三且成衆矣而惟至于不
是天我之均
均直使高卑貴賤之儔設無以得其截然不亂之故而天理于是
乎不行患寡焉者將可以求多而無不平也料民亦漫衰矣而惟
是天治之均與出此分暨次恰與大後
患及于不均乃衆后王君公之荒度有以悉其艱三出治之自而
經綸於是乎在撫有夫國與家之亦也蓋始于井田而成于封建
構經
而變無出于不均者也上有率先天下以建國親侯自開闢之初為
斯聲安則
昔為易各就大者而聽命而渙其群于分茅胙土于象冠寰收其
勢乎星羅棋布于義得均胡不以不均之患用之家古人不出
也蓋至列爵惟五同領之以方伯連帥分土惟三旁庶之為附庸

閒田幾于犬牙之入參一時之確錯而有所不敢窮地中有水君
（出○孝○遠○調○生○此）
子以容民畜衆自狉榛之世好雨好風忘狹所求以給而藏其
（各○拈○木○杜○韻○虞○出○精○義）
師於室廬疆畝之內以不見林總之繁經其界于縱橫阡陌之閒
各不爭耕鑿之所朔不以寡之不患用之不均而古人又不出也
（更○春○讀○書）
蓋至五物九等以制天下之地征而土均乃以名其法有年無年
以辨遠近之力政而均人且以名其宮將使比鄉之家諭乎制之
尺寸而有所不可矣夫勞來安集未響非禱民之至計而出之以
（高○告）（春○秋○降○爲○戰○國）
我聞有命之心終是喪亡之術以不寡致不均世皆封豕長蛇而
（戰○國○併○吞○初○能○叫○不○均○之○流○弊）
識者逆知天下之將變衆魚旋瀕未始非新乎之盛事而以售其

隱民取食之私懼乖忠信之吉幸免于寡而已失夫均衆御胡天

崇傷即本根節成庶陰何況其臣名論不窮

胡帝而論者猶知專欲之難成蓋羸亦足以壽考而一瞑如要

猶如股無壯盛而不暴亡也成旅亦足以兆謀而有君失民有

臣竊謂無外患而能長世也吾所闢尚不止此

才氣吞雲吐霧議論震古鑠今說均處〻是患不均說患亦均

又患之細著不患寡尤見思理之密　李玉洲先生

由寡及不均不是均能無寡而患寡必至不均患寡人必致不

患不均先王之均天下初不計及于寡後人之下此終且并失

夫寡一〻皆有情思偉論可云才氣無雙　膚愚先生

不患寡而患不均 二句　　吳之冉

患非以國所欲昔人已知之矣夫均不止於去富安亦不止於去貧故患在此不在彼也以家制國者獨未聞耶今使守土之版者咸能去○忘憂足以充守保世乎未也憂在外者形諸人而彌紲其勢○吞内者周謀一而愈深其防夫紲於勢非明害也使陳於防而曰備有定制則古之惕然而謀何以絕不如今所舉乎求之季氏之變為有國家之患丘述所聞而有以斷其不然也先王分土民則連帥牧監各有其所統王畿方而二千五百室而一軍侯國十二萬五千井而千乘外此則釋戈而士撤伍而市荅給之也

○原○評○典○核○中○自○生○姿○采○

以議論為張本所謂斷而有勢

我嘗封於曲阜雖元公之勛而民不加益甚懼乎衆寡相形謂天下有不均之賜也及其時生數著於星[illegible]爰示疆旅國嗇[illegible]於[illegible]以獲我嘉師詎洵他道哉迨於今料征車簡公徒唯寡之患頓消寡者患不在寡公臣不具三耦而階隸悉收名彥蒐乘迫於虎門而武健半為蔵甲不均亦甚焉列國之民一而二之魯之民一而四之起先王而救正之大都耦國百雉連城能無變乎則所云不患寡而患不均當必有道矣先王制若供則金錫絲枲久以其近有海內為田八十萬億一萬億而可畝計國用三十年之通三年之仂而可歲計外此則漆林賦待膳服園廛賦待賓客幾々也量

則切

詞義俱

典實妙以虛運之

尾地多植產當僊公之盛而財不云侈深慮夫貧富懸殊致上下有不安之患也乃其時物孔阜矣無勞北斗以挹酒漿一頭罍之不怨西人以邀珮璲詎有他故哉迄於今悲澤鴻賦餅[illegible]唯貧之患傾救貧衣患不在貧公子鍚邑而食采溢於畝鍾世卿僭侈而國賦裁自私室不安莫大焉昔之所入歲奉一君茲之所入歲奉四君起先王而節制之政在三子參則寡人能晏然乎則所云不患貧而患不安端必有故益請進而申明其說

閑切季氏援據典核而風骨高騫故振采特鮮負聲有力

不陵下在下位

（破上句）君子得待下之道可進觀其在下矣（破下句）夫待下而出於陵天下誰甘在下者君子不然（含下）則其在下位也又何如且甚矣爲下之難也（切下字）分卑則權得以抑之職小則勢得以阻之蓋馭下者之不獲其道毋惑乎處（承題一串）（反上句）（又下句）下者之難其人也而豈所論于不顧外之君子當其在上位也以視胥跡下僚者不甚懸殊哉（轉入正意）吾意常人處此方且爲之翛然自肆而凡在下位者莫不惴惴焉奉令承教惟懼獲罪也（句暗伏）彼上而陵下人情類然曾若子而亦若是（句明伏）君子之居心懇懇則無自便之私誠念凡茲寮寀各效微勞而我顧以虐使之也忍乎哉（繳所以不陵之意）故待大綱以令之不迫

寛小節以令之不疑盛氣以加人君子不爾也君子之待人常寛〻

明無督責之術誠念儒在群僚皆供一職而我不爲撫循之也安乎

哉故才雖盛而不居雖嚴而不厲乘勢以作威君子不爾也與不

陵下也不已得在上位之道乎雖然遇合時也尊卑分也賦性有遂

上者不有在下者乎有時而在上位者不有時而在下位乎吾于是

更觀君子之在下位〻與爵相搢者也以言下位爵之微可知矣躬

不登于天府名不列于崇班而僅得膺乎下秩也其疇能甘此祿〻

乎位與祿相準者也以言下位祿之薄可知矣才猷雖以上達志氣

無以自伸而祇邀榮于半綸也其誰能堪此卑〻乎然則不陵下之

君子處此矣。又何以自得哉。一觀于上之不援。而其不願外也槩見矣。

而挽合翻起止如題。而中間波磔老滑。順風揚帆之妙擅藏鋒聖手也。

不陵下在下位

能善體為下之心斯其人可以處下矣夫陵下則難乎為下者矣君子不然即以之居下亦何難之有且人情之易溺也事權在我挾盛氣以加人遂一朝失意而始悔從前之過舉矣抑知遭逢所至君子有學問存焉以人而受制于我無不可諒之情斯以我而受制于人亦無不可居之境也試即在上位者言之夫位亦何定之有濟蹌班者或終朝而三褫矣膺末秩者或一歲而九遷矣安見今日在下位之人他年不與我同朝共事乎哉而奈何有求于於陵者二則氣為之激也人惟任情一往不顧在彼之難安試讀

河撩文　中庸

（倒映下句卻不是下句身位　掉轉不字）

身體之我一旦勢居人下奚堪以鬱鬱者與則置陵之氣自平矣

（逆伏身處）

一則私為之蔽也凡人屬望過奢惟恐他人之拂已試易地觀人

（地是君子直看作懸開）

我一旦身為人下得毋有悒悒者與而忡憧之私自釋矣上不陵

（照應前肯）

下即君子之不願外也而或且疑焉謂人置身通顯恒欲抑以守

（從上折下自然合拍）

爵祿圖其宜也設不幸而政權已謝廢在末僚升沉其異轍矣此

（又頓章奇）

時素位之學轉而為願外之謀倘亦人情所必至乎以觀君子則

（襯一筆）

又何如也君子之高尚者自在生平至于名位稍卑特時數之適

（映帶自然）

然而遂之性分中依然無損也豈曰陵我者殆將至矣我其為逢

（伏下句）

迎之計也即君子之勝人者自有道德至于位望未隆特境遇之

偶值而遇之天懷内泰然不驚也豈曰陵我者伊可畏矣我其爲彌縫之術也耶蓋惟不陵下之君子即以之居下位亦有無入而不自得者而頓擾上乎哉

收挽一氣呵成

題中兩下字是自然關鍵文前以今之在下位者寧知異日不與我共事翻出不可陵下之意至正寫不陵下處又將身設處下位以見陵下之不可脗合但是借意故不得下正位中間言上不陵下尚是易事恐居下位則不能不顧外至正寫在下位處又謂其心絶不知陵我者之將至透起下句反面末後一氣收挽無不自然入妙

不陵下在下位

林甲

善馭下者其人亦可以蒞下矣夫人而陵下不可以爲上即不可以在下矣君子不然即以之蒞下亦奚不可嘗觀今之士大夫往〻特

首居俱熗

當前之境恿勢驕人而絕不爲異日自處之地也追夫事權既去遭

上下然情而求張又清

逢非昔回首當年始知從前之待人過甚而遭月之所遭誠難堪耳

便已臨夠

而君子之在上位則何如夫天下豈盡上位之人哉而既已在上位

又明約

矣則俯視在下位之人無不承順于我奉事于我奔走趨蹌于我唯

反勢吠入　即以毒筆作

即惟我意之所欲爲豈遂有人焉進而與我相抗哉乃君子則以令

股夫亦提　顆領鈎下

日之在上位者安知異日之必終在上位也而我竟逞其權而恃其

勢人即不敢言而奈何不為在下位者餘之乎（又非浮粉）且以今日之不在上位者安知異日之必不在上位也而我乃挾其威而使其力我即不知撿而奈何不為在下位者諒之乎君子之不陵下其不願外也如是然而天下之境處順易而處逆難忘其勢之在己而不為盛氣加人也易易所謂一旦驕居未秩向之我不陵人者今且而人陵我矣（是春秋非常一定之法）則在下位之所處不較之在上位而尤難耶吾更得以是而觀君子彼其心固寔體乎在下位者之心而不敢以勢分自高者也即降而為執爵秉羅之人亦遠人之所不惜而緋戀一命既膺不無委曲求全之志彼其人固能諒乎在下位者之人而不欲以侵凌加人者也

卻逸而為衛門恐冰之士亦儒止之所不辭而特恐伏處難堪或多
晚生自然
輾轉自討之情蓋以我之在下位而臨我者未必若我之不陵下也
又兩一華落下然
而孰知君子則固與不陵下同一不願外之心也
上下關鍵在一下字扣定下字為題樞紐則上自不凌下自不犯
矣文以此制題遂使首尾鈎成一片而行文亦有一唱三嘆之樂
至其處處斡旋妙合天然自來作搭題者無此周密允堪為學人
程式

不陵下在下位（中庸）　褚肇登

不陵下在下位　　褚肇登

善于酬下者斯可以處下矣夫陵下則不能酬乎為下之心矣君子不然即以之居下位亦奚不可且君子處人已之間莫不有學問存焉是以人而受制于已無不可諒之情即以已而受制于人亦無不可居之境也試即在上位者言之夫位亦何常之有或終朝而三褫矣或一歲而九遷矣安知今日在下之人他年不與我同朝共事也黜陟操之大君升沉無由自主設身處之而勢居人下亦何堪此鬱ゝ也奈之何有出于相陵者君子則不陵下焉夫不陵下則忡憧之私釋矣私釋而殘薄之加可以不必且嚣凌之氣平矣氣平則苛刻

之旋覺其無自上不凌下即君子之不願外也而或且有疑焉謂夫人置身通顯而欲善守爵祿則勉自歛抑固其宜也謂一旦而寵移權去昔時素位之學轉而為願外之謀倘亦人情所必至乎以觀君子之在下位則又何如也君子之高尚者自在生平至于位望未隆特境遇之偶然已耳返之性分之中依然無損也君子之勝人者自在道德至于各位稍卑特時勢之適然已耳問諸天懷之內泰然不驚也則惟不凌下之君子即以之居下位亦有無入而不自得者否則崇陰在望而即以凌我者伊可畏也而乞憐君相求媚當塗曾謂素位之君子而然乎哉

認定一下字作骨尾關鍵于上不粘于下不侵而吊伏波挽無不一歸自然簡潔明淨中又復有排宕之勢不深不淺可為英年作搭題之步趨

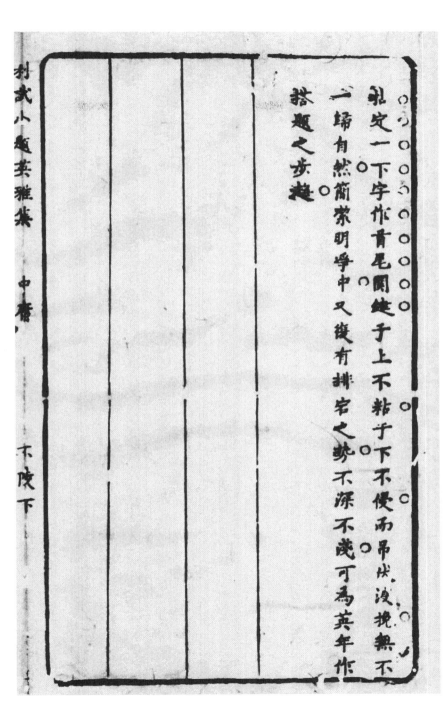

不紾　　王澍

兄苟可以不紾也固未嘗必欲紾已蓋但以兄諭自宜不紾而有不（採下句于筆先）
得不紾者則幾何不自悔其不紾也且夫人當情不自禁之候而為
悖戾之舉即當其悖戾時彼亦何嘗不知自反也而卒甘為悖戾而
不顧者為夫自反焉求其苟可以已者而已矣無如彼欲得食者必由
於紾兄之臂則兄之不可不紾也審矣雖然兄則何可紾也雖有鄉（原批映落）（轉筆快）
人苟十年以長尚宜以兄禮事何况紾兄乎雖有外侮而兄弟孔懷尚（原批：坐是奇紾作三頓忽然提筆觸處得路）
當出以相規何敢言紾則不紾固禮所應爾且欲紾兄者豈不知兄
之不可紾也哉則知有兄在友恭之誼不可以不致夫使其果可以

欲也則不忿者之于兄尚乎可以無憾也且亦明知有禮在犯上之○義○情○字○于○不○字○句○
為不可以嘗試正惟不可嘗試也乃忿兄者之于兄反恨其多一展原批一○擬一擒
轉也當是時也使其竟忿徑其意之所之不免往而不反而時移境原批○以○虛○
動轉致有不忿之時若使不忿縱其欲之所極本可無所不為而且○要○語○不○分○了○一○氣○直○引○下○兩○股○此○法○惟○書○無○者○多○
却且前轉似有不忿之意屢飲在即矣而姑且自退暫欲身于不忿○際○處○主○腳○寬○處○轉○身○
之地而圖其萬全以循徬徨欲求其可以不忿者而不得也則正欲
以不忿明告天下也今指已勸矣而無端自反思置身于不忿之內
而兼收爽名反覆躊躇欲留一不忿之名而不能也則正欲以不忿○總○收○欲○字○忿○字○結○含○了○不○忿○
發自欺也不特此也凡人意有所寄即無端之嫌思無端相結不

紾之念本非其志之所居而意專于紾即意外之想應念而來且凡（不字皆佳）
人銳意一往即往，有相反之境曲以相牽，不紾之念本其志所深
忌而銳意欲紾即意中之境倏忽變遷，則一念不紾即安所不為之
（取不得食妙　又警刪不紾取孟子本意與題面挑明）
意索也哉夫有兄而不紾亦人道之常而兹若驚為變且有兄而僅
僅不紾已非弟道之正而兹偏駭為奇遇是非惡不紾也惡夫不紾則
不得食也然則紾兄亦何時已也

孟子意在不紾而此處翻跌在紾本題二字乃翻主作客特
一反覆以形其必紾耳總真說不移便死句下從兩則字中間透
此不紾何等說不移卻句句是必移賦妙乃得　自記

移字一面已在上文不必他題尚可按說故一起直落不移他題
反說者雖依口氣寬做些卻寬做不得從上得食將忽然縮手從
下將移前先作遲疑躊躇是移字一念是不寧靈心與筆兩折匠
意

不移

王

不圖為樂　君乎　許重熙子洽

樂以德讓而傳不能讓者可概矣夫樂至韶蔑以加矣非德讓而能然乎彼衛君爭國亦獨何哉且考君道而昭得失大者恆在乎父子之間故善處其變者雖遇之以聲音而如見其盛德不善處其變者即得之于聞見而不禁有微辭古今人誠不相及與辨之以爭讓而已昔夫子自衛回車爰誌正樂之感擊磬于衛不亦正名之思乎之在衛每有深情豈以衛君待子為政之故乎而在齊聞韶情尤有深焉者蓋聲容允備擬覆載于天地善美兼隆盛加祥于鳥獸欣傳來格不留僾僾之遺風敬德和聲又豈超數之可

擬不圖至斯所以歎也亦思韶所自傳伊何故哉奉天下于人而

手寫上截神注下截有東鳥西鳥之妙

不惜受天下于人而不矜誠不意天下者乃爾我相贈遺之物也交相授而協氣流于一堂管絃所被大化有如是乎天子之位可

發掌下截俯視一氣

久處而君以讓于臣天子之命宜親承而臣復讓于衆誠不違天子者乃彼此相遜讓之事也交相遜而太和翔于四海象罰所昭

猶禹淡渚手神絕世

聖德一至此乎審音微矣猶幸陳公子之抱器而得傾耳于允諧知德淵哉試遡吳公子之觀風而益賞心于觀止然則至斯・歎無論妹邦留桑濮之音未容同宮並奏雖昔賢侯有琴瑟之伐亦難吹律相衡進而獲是與韶並稱而舉劉夏正之后終不皆受終

不圖為樂 君乎（論語） 許重熙（子洽）

文祖之君進而武亦足與韶媲美而總千山立之日卒不若南面端拱之君此無他惟克讓故也嗚呼君臣而讓奈何父子而爭乎（水到渠成）然揖讓不聞在君臣之間征誅若起乎父子之際稱兵拒父孰有如衛君者乎嘗思衛君家庭之遇恒與操五絃奏九成之虞舜相等何也南子多宮闈之失不減于鶉蒯聵萌弒逆之謀寧謂非禎（大海廻風生紫瀾洪濤纖巧佼倆）則使輒也當此事少君于內嘗懷夔夔之心奉太子以歸益懷蒸蒸之愛安在執手登臺之役不可通以號泣旻天之誠而反之大順也哉如是則舜以孝得天下輒以孝得國夫子之為衛君無疑矣何煩冉有致問乎不然者父歎塵而子嗣位雖日吹笙籥而圖

懽考鐘鼓以鳴豫樂乎不樂乎以擬合正乎后夔總來儀于虞帝相去遠矣嗟夫聆德讓之音有餘慕舉數倫之事有餘傷可觀世變矣○

以爭讓二字作鉤聯擺脫凡近具見方家手段○君字予洽別號東村老人以史學著當世數遊京師金陵維揚間考訂舊聞網羅放失崇禎九年刊五陵注畧觸誠意伯劉孔昭怒烏程亦忌之將發難司成倪文正爭之因并攻文正牽連參閱姓氏七十五人俱東林魏焚大興同文之獄當宁不允後宜興復相更擬旨推究敕請七日不獲君之禍始解發著歷代通畧甲乙彙

畧大臣年表大事紀要宋史增定新編未刻文集有綴離草旅寄稿年八十七著輿地分合指掌圖未竟卒　謝憲南

不誠無物　　　　汪倓

物物之道既亡而物無以自成矣夫物而不誠則無以成終無以成

始而為得為有物者乎且夫天下之物未有能憑虛而造即未有能

憑虛而立者也故夫誠之為道固所以物物者也使夫人不能盡所（側入大代也）（朱子曰須有）

為道者而卒必無物物者存則雖日縱萬物之中而安在其有

一物也夫據乎大物必成始成終而後為有物也而誠實為之甚矣

（朱子在天本無不實其理在人或有不實也）

其不可以不誠也乃自其在天者觀之則有是形必有形形者也有（入不字原委曲折）

是聲必有聲聲者也其有一物之或偽者乎無有也而自其在人者

言之則有是倫而未必其倫之盡也有是形而未必其形之踐也其

能物〻之亦妄也乎不能也意嘆夫人而可以不誠乎歟今夫物也必以誠而始也而苟其舉事也初而不能無妄念也朝參其外非無紛紛劇遽之勞也而中之真者不存焉則與始也未嘗為其事也正

事之了然非誠也盡此若干時可然而未深之則

無以異而何以為有始乎無以為始則始無物矣今夫物之必以誠而終也而苟其積久之餘而終不免懈心之或襍其外非無斐然緣飾之迹也而中之實者不存焉則與終之未嘗為其事也復何以異

此終而不誠則事之然非終

此或問所生三知之謂

而何以為有終乎無以為終則終無物矣且人非特不誠于半也則畢生皆妄也但使已往之誠者自知也將來之誠者自知也而其中

業平天及其間則

忽焉間之則是時之所為已非若已往者將來者之為實也雖其間

無窮之可言

亦不過一息之頃耳然而此一息不已無物乎抑非特不誠于一事

此就成內一事之

中自始至終聯出

則一事皆虛也縱使前此之誠者有素也後此之誠者相續也而其

中偶爾遺之則是時之所為已非復前乎此後乎此者之可補也雖

何從補處

其遺亦不過一念之誤耳然而此一念不已無物矣且夫吾不能舉

照中盡倫發形二句

此來乎不誠乎考察之詳

所為仁敬慈孝者而寔為之体雖身處乎君父子臣之列而不過為

此朱子所不在焉

虛位也且夫吾不能舉所為庸人學謀者而寔為之踐雖身備乎貌

可謂無耳目之論

言視聽之官而不過為虛器也一不誠無物惟誠而後有物也而君子

能勿誠之是貴乎

則小亦不醒在人有不寔之心意則此句便落空去亦還不起下

向來然合同已夫人知之一息之頃一念之誤二意則游移精細
能大撥頭于三月之後猶未免于無實一段名理或間肯非爛熟
何以有此此瞎先生
至誠無息有息則不誠君子誠之不息而已本身跌起誠之身。以
間斷言不誠方于起下句為切觀或間以未至于盡人者言可見
若泛講不誠縱極透發視下句已相去重雲矣。中二股規劃表
頗有與同輩竭意趣遠不逮此

不誠無　汪

不報無道　　郁士超

可報而不報能忍也夫無道而報其常也而乃有不報者非以能忍勝人乎且夫報施之于人甚矣況施之必不能忍者乎彼以此施我以此報往往然也非然則以為怯也若南方之強則異是焉彼其教人也寬以濡之無所忤也然得毋有因其質而與之者乎柔以待之非相陵也然得毋有因其柔而侮之者乎則無道之來所不免也其報之乎我寬而彼肆則其加之也為有辭積怒而蓄怨則其發之也必不可禁而彼且斷乎其不報也是人之力兩有所歉則必無以相屈彼以橫逆施我以橫逆報是兩相歉也相歉而兩無以屈非勇也

計莫若以不報屈之何者彼方洩其積憤之力以我為必不能受而（處莫柔以制剛投所以報善莫所當）我衷然受之使之無所逞其怒而彼無以屈我矣而我已不當屈之（肆雜見）矣此則不競而屈人之策也何報焉屈人之氣輕有所挫則丕不能以制勝彼忿然而施之我忿然而報之是先為所挫也既為所挫而思類用其鋒非勇也計莫若以不報勝之何者彼方資其銳之氣以我為必不能容而我澹然容之使知我之百折不回而彼無以勝（文是精磨）者矣而我已不當勝之矣此則先為不可勝以待可勝者也何報焉而況乎不報以乘於不報彼無道而吾不與之校則我為有道以（文辣如兩蟻相鬥此勝人）有道制無道用不待較量於勝負之際而強弱之數固已判然而況

乎不報之轉有以相報也彼無道而吾不與之爭則彼之無道必有所止以有道易無道人寧必爭勝于勇快之名而屈伸之權固已在（又敢剛強等）我此則南方之所為强者也

華之為南方之強寫一影于却不犯乎刻盡之妙不減先民原批

切究力之勝人處當與東坡子房論並讀晦翁語類論子房處亦相發也

不報無

郁

不憂不懼

金壇倪學師月課本縣一名 王步青

貧若有外視憂懼之心則制之易矣夫憂也胡然而憂懼也胡然而
懼牛未之思也而漫欲見少于不憂不懼乎若謂牛嘗見天下之人
其淂寛然於身世之間者每嘆其天幸而以為彼所適然其或恝然

二意分項到底

于难處之境者非不訝其曠懷而以為特未可訓也而不謂子乃曰
君子不憂不懼自牛思之人之所以憂懼者何為也哉明亦知擇地

先放倒憂懼妙 將憂懼來說向外對天

而蹈則倫理族類之間豈其好為自苦而無如境之所值意亦從之

幸意

故夫無可奈何之遇有生所共深悲非必以其人之無學而困洊以
憂惧之途也明亦知隨境而安則天人順逆之說無不可以自寛而

無如命之所值義亦因之故夫萬不能已之情聖人有所弗禁未聞（關照憂兄弟對講緊意）
惜其人之無具而遂嘗此憂懼之阨也而今者一若人之必不可以
憂而因高視夫不憂一若人之必不可以懼而因高視夫不懼一徳泛
世之（所謂樂天）安常而處順者乎且得以為非不憂不懼乎哉夫（撥得處化）古之人固有
身處逸樂而不忘憂患之思恐懼之念者由今觀之是反（註疑住）出不憂不
懼者下也即世之（所謂曠懷）委心而任運者乎又得謂之非不憂不懼乎哉夫
古之人固有生逢不幸而不忍置之不憂不敢付之不懼者由今觀
之是特以不憂不懼為難也且夫可憂可懼者時也憂之懼之者我
也特而憂則（跟天華說）亦時而不憂時而懼則亦時而不懼境遇之靡常既何

関于人力而憂之惟我則不憂亦惟我懼之惟我則不懼亦惟我亦
衷之頓易初無與于生平假令當其不憂而忽以所憂改其度當其
不懼而忽以所懼攖其天下固將共情為不祥之人而或取必于
不憂則將有應憂而不憂者矣取必于不懼則將有應懼而不懼者
矣牛窮以為反失其性情之正何于之遽以為君子耶

是覆述上文語卻不仍是上句意司馬意中自另有一番境地在
文深得此旨故于虛縮處寬然有餘　王雲衢

天幸曠懷兩意一看得不憂不懼地分甚粗一看得不憂不懼上
夫甚淺只在本句盤旋而下句已透紙背矣前半先將憂懼放倒

直省考卷篋中集　不憂不　王　論語

自見不憂不懼之輕。後幅分頂兩意。重々剥入。愈轉愈快。可云奇作。

吳士玉

不憂不懼

王步青

者有外視憂懼之心則制之易矣夫憂也胡然而憂懼也胡然而懼牛來之患也而漫曰不憂不懼乎若謂牛嘗見天下之人其得寬然於身世之間者每歎其天幸而以為彼所遭然其或恝然於難處之境者非不訝其曠懷而以為特未可訓也而不謂子乃曰君子不憂不懼信斯言也則是必君子而後不憂非君子而必憂也不憂若斯之難也必君子而後不懼非君子而必懼也不懼若斯之難也顧自牛思之人之所以憂懼者何為也哉明亦知擇地而蹈則倫理族類之間豈其好為自苦而無如境之所迫意亦

從之故夫無可奈何之遇有生所共深悲非必以其人之無學而因涉此憂懼之途也明亦知隨境而安則天人順逆之說無不可以自寬而無如命之所值義亦因之故夫萬不能已之情望人有（開焰見第幾章誤積妙筆）所（共）非禁求聞惜其人之無具而遂嘗此憂懼之阨也而今者一若人之必不可以憂而因高視夫不憂一若人之必不可以懼而因高視夫不懼彼凡世之安常處順者子且得以為非不憂不懼乎哉夫古之人固有身處逸樂而不忘憂患之思恐懼之念者由今觀之洸反（鬼使得好）出不憂不懼者下也即世之委心任運者子又得謂之非不憂不懼乎哉夫古之人固有生逢不幸而不忍置之不憂不

敢付之不懼者由今觀之思待以不憂不懼為難也一且夫可憂可懼者時也憂之懼之者我也（乎喚箸入破矣）時而憂則亦時而不憂時而懼則亦時而不懼境遇之無常既何關於品地而憂之惟我則不憂亦惟（愈轉愈快）我懼之惟我則不懼亦惟我寸衷之頃易初無與於生平一假令當（神到）其不憂而忽以所憂改其慶當其不懼而忽以所懼攖其天天下（一筆捭洒）固將共指為不祥之人而或取必於不憂則將有應憂而不憂者矣取必於不懼則將有應懼而不懼者矣牛窮以為反失其祉情之正何子之遽以為君子耶

天幸曠懷而意一看得地分甚粗一看得工夫甚淺只在本句

盤旋而下句已透紙背矣。前半先將憂懼放倒。自見不憂不懼之輕。後幅分項兩意。重〻剝入。愈轉愈快。可云奇作　吳荊山

妙在即從司馬自身設想。所處本憂懼之境。所存當有憂懼之心。一就不字外面翻。一就不字裡面翻。撻起憂懼捺倒不字。使覺下句神情躍〻欲活。　李岱雲

破中外視二字。即反對內省為天芊曠懷二柱之根。而通篇之變幻由此生。故凡思力與曲。其妙本自平坦中參入也。　荊其章

純於空際盤屈。心手相應。變態無窮。何等神力。　許介西

不願乎其外

位之外無願而所以行之者蓋力矣夫有願外之心者是不能素其位而行者也然則其外也而可願乎且人悉為外累耳夫其外與我不相屬者也不相屬者而吾引以自累則其于相屬者必有所不能盡可知也故素其位而行猶不足以盡君子蓋非其位則皆其外也外者一位之無有而衆位也畢集于願者之心而心真若有位之可行焉外者但有可願之位而無不可願之位可願之位出于願者之心而心真若有可願之位行焉無端而設一非分之想々以生想而汗漫而不知所之此身塊然處也而此心且

（通篇拖轉上句語精旨）（剔清肯綮）（寫出幻妄是心妙筆）（前二比虛發）（此二比實寫願字）

飄忽于宇宙之間不覺有可歡可慕者之遍羅于前也收視反聽

乃地轉見其位將傷之甚

而其外竟何有也獨有其位焉耳無端而設一境之至幻々之中

更有幻而誕妄而不可致詰此生原有涯也而此願竟不歇絕于

方寸之內不覺有紛々擾々者之自注于目也事窮念絕而其外

竟何在也仍位其位焉耳君子以義自守不當願而願之是無義

素位是分于不願外本領

也紛華靡麗之境絕于君子之心々無欲而身之所處者乃精以

入微

靜夫其外者對其位而言也既不願矣而并無所為其外也則其

外泯于君子之以義自守矣君子以命自安不必願而願之是無

命也貪得妄求之念絕于君子之心々有主而身之所遭者益順

而安夫其外者與其位相反也既不願矣而何患乎其外也則其外泯乎君子之以命自安矣人各有其才分而用之于外故効之于位者多蹶蓋義利之界不能辨也君子之嚴其界者久矣故才分之用莫不得其當也人各有其精神而用之于願故從事于行者遂藏蓋公私之際不能審也君子之辨其際者精矣故精神之用莫之有或先也此君子之素其位而行者也

處處是挽是上句

素其位而行不願乎其外是一套事有不願乎其外而素位之義乃盡故須帶定素位說而于文之法律又不可黏滯也篇中摹寫願外情景十分刻露不穿一轉而題解已透處處仍抱轉

上句。理法兼到之文。李恩存

其神清明而中有主故縱筆所如。濤飛雪濺。而仍未始出吾宗。

此清悟之文。直坐靳楞嚴。惟識諸慧舌不容開口。趙騷期

蹴顚。外奇肆之至。今閱者心神。倏游于杳冥荒忽之際。而理解

澄澈、無一毫失于散誕踈斕、至文也。韓慕廬先生

不願乎其外　徐芳

有所以搖吾位者，君子以外淡之也。蓋位而非素，皆外也。君子之
不願，君子之安於其素焉耳。嘗思吾身之位一也，而位之分臚于
天地間者，其象且變而無筭。蓋人情本至動也，無以攝之則適道
在予之以静；人情又易流也，無以閑之則幻道在受之以止。吾是
以思君子，君子既素位而行，則位之所在，君子安之；位之所不在，
君子絶之矣。是可以其外別之。浩然者其天也，本無距迎，何有畛
域？而位無拘方，即外亦豈有定見？乃凝然者其度也，靡之不去，拓
之不來，而位得定衡，斯外亦呈於内照。蓋天下兩衡之勢必無恃

筆力森峭

位字外字靈之清疎

思異水而湧泉
也兩存之術必無幾也立一位于此即不得立一位于彼相反之
理也于位之外多所馳即於位之中多所歉相軋之形也吾迺為
素位之君子決焉一人之精神可以無所不役而後挾游思以往則
至情至理寫來如水銀瀉地
雖異日之遭逢不難于今日料之夫事在數十年之後而志已萌
於數十年之前問脩短于造化卜窮達以何年吾人必經之想往
頓字生[illegible]
往為吾人不必經之事而且曰吾願云爾是直以莫觧之哀情結
不字無滑有力
無涯之期望也君子不若是安也世人之心思可以無所不到而後
兼盛氣以圖則雖局外之欣羨不嘗以局内嘗之夫明知此事之
情濃行未曾有
未可驟邀而姑若此念之無妨虛設作聰明而自用視氣數為無

權人世大謬不然之處偏屬人世朝夕慰藉之端而乃曰吾頤在
斯是直以無定之境遇開私據之神明也君子不若是貪也是蓋
有順而應之之方焉有逆而制之之道焉苟其觀理未明必至中
懷多昧君子獨援位以為準而順而應之凡事之由外入者既實（從上句順放）
主之歷如自情形之胥剖世故離紛紜乎咸有一在我之定見隱（剔出其字）
為權衡而視如浮雲乃直有矩矱從心之妙抑或餘情未化亦由
內念多睞君子復從外以為防而逆而制之凡事之亂我素者于（從本句逆挽）
所棄淆其清寕愈于所欲觀其純一學問亦何窮哉惟恃有無二
之專精默為鎮定而判以界域自克篠從容安土之常不願乎外（抉遂不字）

○○原○只○究○得○上○一○句○
是君子素位之全神也
正面已盡于上句而必反找此一句者堵斷去路乃使之更無
轉身如兵法之塞井夷灶也非得此斬釘截鐵之筆以鉤取之
題面幾如塗〻附　湯鑑堂
酣嬉淋漓嫖姚跌宕興往神来獨有千古　錢元銓注

不願乎

不願乎其外

破承俱連上　錢世熹

君子素位之學無濫心者也蓋位之不圖而願其外與位之既圖而或願其外者皆濫心也君子不然其于素位豈有歉歟今夫守之有至約之功而返之有至足之分者匪獨恃其力之能爲亦恃其心之能靜也心之不靜有二思所不當思而冀之其失也妄（呂云有義不可妄求）思所不必思而期之（不可必得）其失也勞妄與勞皆道所不許則皆畔道之士所不爲而君子素位而行之心乃可得而言矣有其位則必有其外勢之不能相無也（呂云扶位字剝出外字旨）第位爲已有故往往視爲平常外屬未然故往往貪爲異獲至于貪爲異獲而所以勁吾位者疎矣（呂云縮上句果）有其行則必有其願情之不能

相無也第行為實事故一身或难適營顛蹷虛浮故一念無难貧及
（呂云從行字刻出題只于更人）
至于無难貧及而所以勤吾行者僻矣若夫君子則于其外也即以
素位而行者置之而其素而行也即以不顧乎外者全之天下内外
何常之有〻此境謀彼境而為外者矣有此境謀此境而亦為外者
（用筆以亲）
（呂云即細消申滿義）
矣君子曰吾既謀其内後謀其外紛已且使謀之而克遂也吾猶謂
其亂吾心也刱謀之而不克遂也吾甚惡其圂吾心也而何顧焉夫
下内外又何常之有〻今日謀後日而為外者矣有今日謀今日而
亦為外者矣君子曰吾一謀其外將不謀其内愚已且使謀之而有
盡也吾猶謂心之誤用也刱謀之而未有盡也吾尤慮心之不足乎

用也而何願焉不願則養其心于無欲雖有紛華不足以動之矣神（中股逆起後幅順說）明之為出為入所爭在義利之間君子亦辨之于早焉爾不願則宅（呂云兒果不須丟、當是本領人不必此）其衷于有主雖有得失不足以動之矣志意之為一為馳所辨在公私之際君子亦審之于微焉爾人之才力亦何所不至不願者受之（呂云始知有）以止斯精神聚而職業修人之事業亦何可遽就不願者受之以需（此句方挽足上句）斯念慮專而氣機應君子素位而行之心如此豈猶夫世之擾擾者耶

不字有兩義一是不可妄求一是不可必得然此猶就下一等人說惟直窮到義利公私之間此纔是不字真實本領他人未易及

○此○看他割得上句乾淨○不然○反側閒最易黏住○呂晚村

上句固可截得乾淨然不顧乎外正其素位而行處○故盧齋云含

○素位而行○無可言不顧乎外也○文能筆筆纖足上句而又絕不犯

任所以為妙○

不議禮不　周禮

丙戌　余　甸

禮必天子而後議。聖人所以學在周也。夫議禮者。作禮樂者也。非
天子而可議。則夫子于周禮。何僅學之已耶。且夫禮之重于天下
也久矣。假令私心自是。而倫紀之間各出一說以相淆。則成憲之
昭然者。或反因之而不尊。蓋惟精歸恒定于一人。而後效法乃尊
于一代也。夫禮豈可不議哉。三代以來。夏有禮而殷議之。殷有禮
而周議之。彼其人皆居天子之位。具聖人之德。使天下一道同風。
而禮樂之昭垂。且各成一代之學也。豈非議禮之明效大驗耶。而
非所論于非天子也。天秩天敘之文。而出于草茅之論。定則已。緣

議禮字疏

上下融洽

一齊整莊不滯不支

重請首句

小題文編　中庸

固萃積漸之宜而出乎聖賢之推詳則已僭越不議禮者不敢作
（一句〇抱〇諸〇題〇妙）
（只用輕帶有法）
而學之之謂也蓋制度考文齊觀此參不然以令天下之失雖不
（叫〇八〇德〇位）
皆有議禮之位而豈必無議禮之德而車書倫于萬國倫物秉之
（叫〇節〇氣〇落〇下）（巳〇有〇物〇來〇節〇意）
王守府之君諸祖而守成章布之儒挾策而參議較之焉皆不
（深〇守〇節〇制）
敢作禮樂者何哉蓋必有位有德而後可以議禮也假令有位無
（串〇出〇來〇節）
德者而識然操議禮之權則無位有德者亦將潛而侵議禮之柄
（叫升帶起周）
當今之世由周而來可以出制作之才而棄憲章之舊者孰有如
孔子哉可以假先朝之詩而廢昭代之模者孰如孔子之于夏殷
（落來句）
哉乃觀孔子于于禮何如者且于周禮何如者夫禮不自周昉也而

本朝之法物實監夏殷而兼憲。而學亦不自周始也。惟文武之聲（末句領。）

（隨手牽上德不出力）

靈且兼德位以乘時。學之則已而敢議哉。若夫溯之夏其所議者

（倒於上二句）

不足徵也。溯之殷其所議者僅有存也。蓋一言周禮而周之位周

（巧於）

之德悉統之矣。一言周禮而周之度周之文已該之矣。此而不學

（補義）（神龍擺尾直上青霄）

是責處同軌同文同倫之世。而欲作禮樂也。不且與不議禮之旨

大相刺謬耶。集翻于孔子之從周。而議禮之在天子益信矣。

起處即將全題一口吸盡。以下祇完禮字。點化中間側注有德

無位有權來句。一氣呼應。而餘波收拾處復極收羅。真莫名其

變化。○張象與